台灣的三角習題

從美中台到紅藍綠

台灣前途的再思考

蘇起 著

目次

自序 9

台灣內政

01 理性主義vs.民族主義 14
02 台灣可以不悲哀 17
03 台灣與中華民國合則兩利 20
04 當前台灣困境的根源 23
05 嘆台灣的兩岸精神病 26
06 實力乎？民意乎？ 29
07 溫水煮青蛙的台灣 32
08 失衡的國安人事布局 35
09 從馬習會看台灣的「自虐」與「他虐」 38
10 跳脫「松鼠」的宿命 42
11 相互毀滅還是相忍為國 45
12 從「乎乾啦」到杯弓蛇影 49
13 台灣的共業 52

14「不知不覺」的台灣 55
15 台灣需要再次脫胎換骨 58
16 台灣民主的反思 61
17 民國百年，「興利」元年 73
18 台灣的歷史與地理 76
19 總統直選制度對兩岸關係的影響 79

台灣選舉

01 台灣大選的外部因素 88
02 二〇一九——高度風險的一年 91
03 假如「美國牌」加上「台灣牌」 94
04 台灣選舉的境外因素 97

台灣安全

01 台灣新風險——四海＋四獨 102
02 像一九四九的二〇一九 105

03 美國會來救嗎？（上） 108
04 美國會來救嗎？（下） 111
05 中共對台動武的可能性？（上） 114
06 中共對台動武的可能性？（下） 117
07 試擬台灣未來的可能劇本 120
08 惡化中的台灣安全環境 123
09 今年攸關台灣安全的三因素 126
10 台灣安全的新變數 129

兩岸關係

01 蔡總統扭曲的兩岸觀 134
02 民共為何沒有溝通？ 137
03 當前兩岸僵局的癥結 140
04 兩岸五二〇後的可能對撞 143
05 新政府的兩岸課題 146
06 進入「危機管理期」的兩岸關係 149

07 三贏的馬習會 159
08 台海可能進入「危機管理期」 162
09 一個中國——在一與二之間 165
10 流失中的兩岸政治基礎 169
11 冒險、妥協、善意——辜汪會談的時代啟示 172
12 主權問題的迷思 179
13 兩岸需要同情的相互理解 181

台灣的大陸政策

01 蔡總統新轉折的風險 186
02 鬥、拖、和，或「經美制台」 189
03 沒有馬英九的馬英九政策 192
04 希臘荒謬劇的啟示 195
05 台灣應清楚打出「和」的品牌 198
06 誤判的教訓不能重演 201
07 兩岸關係何去何從——鬥、拖、和 204

北京對台

01 北京如何評估台灣大選？ 208
02 習近平新時代的對台政策 211
03 北京如何看台灣？ 214
04 試析習近平的中國大陸 217

美國

01 當前美國的對台政策 222
02 美國怎麼了？ 225
03 美國在衰落嗎？ 228
04 黑天鵝亂飛的二〇一七年 231
05 川蔡通話的多重影響 234
06 美國政策思維中的台灣 237

美中關係

01 美中——台灣該選邊嗎？ 242

02 美中貿易戰的背後 245
03 美中「競爭」下的台灣 248
04 用撞球思維看美中關係 251
05 台灣與美中角力 254

大小三角

01 變了形的大小三角 258
02 台灣的前途誰決定？ 261
03 從大小三角看「維持現狀」 264
04 台灣的大三角與小三角 267

東亞

01 北韓問題與台灣的關聯 272
02 以「智」處世的國家及領袖 275

自序

筆者生於台灣，長於台灣，留學美國，再回到台灣工作至今。早年走過台灣貧困歲月時，絲毫不覺其苦。後來目睹它締造舉世豔羨的經濟奇蹟與民主典範，並分享了它的光榮與喜悅。最近二十年眼看它內部社會撕裂、經濟停滯、民主倒退，外部環境居然惡化到連「亡國感」都變成常見名詞時，內心直有無比的傷痛及不甘。

幾年前決定提筆為文，就想把台灣的特殊經驗藉著每月一篇短文略作分析。筆者很早就觀察到台灣有個難解的美中台三角習題。從很多方面看，台灣小到根本不可能與美中兩強平起平坐，怎會並列成為三角？但歷史證明，台灣雖小，卻是最可能引爆兩強交戰的導火線，直接牽動它們最敏感的神經，所以台灣夠格與美中並列。只是這個三角習題也注定台灣的處境先天就十分困難，必須時時刻刻小心翼翼，否則代價必然巨大。八〇年代黨禁解除後，國內政黨開始競合也各自與北京互動，因此又多了一組三角關係。筆者於是提出「大三角」（美中台）與「小三角」（紅藍綠）的分析架構來概括台灣內外的政策環境。

筆者從事公職時還實際體會政策的三個面向：消息面、操作面，及基本面。一般人看到「消息面」，以為那就是影響決策最大的力量。「操作面」對媒體最有吸引力，拚命去挖掘，而大眾也很想偷窺。所以這兩方面的資訊在台灣民主化後，幾乎可以用「汗牛充棟」四個字來形容。

不幸的是，個人認為最難看到的「基本面」其實才是政策背後最大最深刻的力量。正因它隱形、抽象、歷久不衰，不像「消息」或「操作」那樣具體、時生時滅，也不因任何領導人、政府或政黨的主觀意願而轉移。所以「基本面」最關鍵。只有越多人更深入理解基本面，台灣這個年輕的民主政體才可能在做重大決策時越接近理性，它的民主品質也才能提升。基於此信念，筆者乃不揣淺陋，試盡綿薄，藉每篇一千五百字的短文，從見報當時的主要新聞議題切入，但不聚焦該議題，而是專注剖析隱藏在它背後更深刻的「基本面」。

基本面本質是宏觀而不是微觀的。它大概又分成橫切面及縱切面。橫切面指的是同一時段大三角與小三角的互動。如果用撞球檯做比方，美中台與紅藍綠各自的內政與彼此關係都分別是一個球。任何一個球的滾動都會在球檯上產生難以預測的連鎖效應。

本書七十四篇專文絕大部分都是分析這些球如何在檯上互動。有時談的是內政，如台灣的歷史地理、內部變化、選舉，美國及大陸內政。有時談的是雙邊關係，如台灣的大陸政策，北京的對台政策，或兩岸關係、美台關係、美中關係等。有時則談球檯本身（如東亞情勢、大小三角）的變化。

至於縱切面就是把時間縱深拉長到過去二十年甚至更長的時期。透過縱深，當前情勢會看得更清楚。筆者最近這兩年對台灣安全及兩岸關係高度不安，而且悲觀程度只增不減，正是因為透過縱深來看當前。

事實上一九九九年恰好有個罕見的兩岸歷史巧合，分別隱藏了二十年，至今終於相遇。那年五月中共駐前南斯拉夫使館被美軍轟炸，官員死傷多人。七月李登輝及蔡英文推出震動全球的「兩國論」，然後被迫硬生生收回。兩岸領導人分別受挫後，不約而同開始推進全新的政策主軸，以求一雪前恥。在台灣是「台獨化」，在中國大陸則是「和平崛起」。

兩條軸線的差別是，北京走直線，而民進黨走曲線。痛定思痛的中共領導層一面韜光養晦，廣結善緣，一面在有利的國際環境下加速「和平崛起」，終於在近年把經濟實力提升到美國的三分之二，而軍力則在東亞局部把美軍逼成平手。其中透出的決心及戰略定力是驚人的。

由於政黨輪替及國際氛圍的牽制，民進黨「台獨化」的道路比較曲折，而且比中共更加隱晦，但決心同樣堅定。「兩國論」主持人蔡英文在受挫後曾親口對筆者透露，「今後兩國論只會做，不會說」。這句話劇力萬鈞，隱含莫大的意志與謀略思維。作為小三角最弱的一角，民進黨的謀略重點始終都放在台灣內部民意的改造，相信最終相關國家都會接受台灣民意的選擇。「兩國論」建議先弱化當時主流的中華民國論述及中國論述，再營造新的「正確的」台灣論述。扁政府任內已經完成前一部分。後來蔡領導的民進黨，不論在野或在朝，繼續強化後一部分，加緊塑造反中去中意識，且從內部重建台灣權力機構。美國把對中政策由「交往」改為「競爭」後，蔡的軸線更是如虎添翼，自信更加高漲。

二〇二〇年大選之所以格外令人憂慮，就是因為本來區隔且各自沉默發展的「和平崛起」與「台獨化」軸線終於要交會，而且雙方都自信會成功。因此台灣的命運又走到新的十字路口，二戰後第一次。

所幸現在的台灣民眾不像以前那樣完全無法參與自己命運的決定。他們可以透過選票及言論自由表達意願。本書希望藉由台灣三角習題「基本面」的分析，協助讀者透視它的橫切面與縱切面，理解其中的是非利害。最後的好惡當然由每個人自己決定，結果當然也自己承擔了。

台灣內政

01 理性主義 vs. 民族主義

看台灣選舉，常覺得像看賽馬，一般多在議論哪匹馬領先，哪匹馬落後，哪匹馬新加入或退出。不過這次大選卻不只是賽馬，也不是藍綠對決，而是看不見的兩股思潮在正面碰撞。

一邊是挑戰者的「理性主義」，另一邊是衛冕者的「民族主義」。用英文說就是Rationalism vs Nationalism。賭注之大恐怕也是前所未見，因為牽涉的不只是哪匹馬出線，或政黨輪替不輪替，而是台灣的安危存亡。

「台灣民族主義」從李登輝時期就已萌芽，只是一直忸怩作態，欲語還休。蔡總統上台後變得較露骨，而挑戰她的賴清德還更直白。估計選戰越熾烈，會越沒有遮掩。

它的核心有感性面與理性面。感性上它堅持「台灣人不是中國人」、「不是中華民族的一部分」。大部分民進黨人士對「中國人」的排斥心理可說根深蒂固。蔡總統似也從來不曾認同這個血緣。深綠出身的柯文哲講了「兩岸一家親」，犯了大忌，當然必傾全黨之力撻而伐之。

理性上，「台灣」要與「中國」全面切割。不但堅不接受「九二共識」、「一中各表」、

「一中」或「一國兩制」，而且政府間也不再接觸，不談判，更不妥協。兩岸經濟、社會、文化的連結要積極弱化，外交與軍事的對抗越加強烈。宣傳上則全面忽視大陸的「機會」成分，只強調它的「威脅」，以凝聚台灣內部的抗中意志。

為了避免當年陳水扁因躁進而激起的國際反彈，蔡政府表面雖說「維持現狀」，實際卻像孵小雞一樣，在薄薄蛋殼的掩護下，藉「改革」之名改造台灣的權力結構，以待時機成熟時破殼而出，以新的「民族」及「國家」身分亮相。

這個「民族主義」的胚胎孕育於蔡總統當年主持的「兩國論」。經過二十年的成長茁壯，它運氣好到恰巧碰到美國把美中關係由「交往」調整為「競爭」(不同於「對抗」)，所以蔡政府自以為靠山堅定而充滿自信。但運氣不好的是，它也剛好碰到中共的東亞實力大幅上升，連靠山美國都深感心有餘而力不足。

如果「台灣民族主義」經過明年一月類似「台獨公投」的選戰洗禮而再獲勝，中共的對台政策將徹底失敗，而習近平在國內必會面臨前所未有的壓力。回顧二〇〇八年大選時馬英九勝券在握，而中共軍力仍略遜美國一籌，北京卻依然動員對台備戰以防民進黨僥倖連任。如今兩強東亞軍力已成伯仲，美國多個智庫甚至告誡已向北京傾斜，難道北京還願隱忍，再與「台灣民族主義」和平共處四年，並肩跨越中共建黨一百週年的二〇二一年及習近平新任期的二〇二二年？屆時包括軍事威脅的強烈大陸冷氣團極可能排山倒海地朝台灣撲來。美中關係當然也走到攤牌的關口。

如果此時華府願為台灣付出巨大代價，兩強就會交鋒，而首當其衝的台灣自然非死即傷。如果美國估計力有未逮，以致口惠而實不至，或出兵卻不耐久留，大陸當然就可完成世紀性的統一大業。如果雙方都不願兵戎相見，透過談判來解決。台灣就變成砧板上的那塊肉。任何「如果」，台灣都逃不掉幾十年來最大的災難。

幸運的是，不願被「台灣民族主義」推進這個絕境的台灣民眾還有另一個選擇，那就是「理性主義」。它緣於一意孤行的蔡政府只顧精神勝利，完全忽視台灣民眾在經濟與安全上的現實需要。去年九合一選舉顯示，目前台灣主流民意已從「民族主義」，轉向「理性主義」，超越藍綠、政黨、省籍、地域、年齡的分野，一切以理性務實為導向。高雄韓國瑜市長就是站在這個浪頭風尖上橫掃全台的。

但「民族主義」仍有強大的內聚力與動人的感染力。「理性主義」雖暫居主流，但迄今仍較鬆散、抽象、被動。為了落實「理性主義」，除了盡早選拔具代表性的候選人外，還要研擬一整套能務實解決問題的政策綱領。而且這套綱領不能像縣市選舉那樣只處理經濟議題，還要讓台灣民眾在當前詭譎的美中台情勢中感到更安全。

這不是簡單的任務，卻仍是可行的。為了台灣還能繼續「小確幸」，這也是唯一的路。

一〇八年三月三十一日・聯合報A12版

02 台灣可以不悲哀

隨著美中競爭態勢日益明顯，台海與南海兩個引爆點越來越受世人關注。其中台灣除了地緣價值外，更背負了大陸民眾幾世紀的情感，因此危險性最大。至今蔡政府不但沒有像日韓菲那樣做出務實調整，反而一再強調「勇敢堅定」，「千萬不要小看總統的意志力」。顯然其中蘊含難以動搖的信仰。那是什麼？

一個最可能的來源就是一九九四年李登輝總統向日本作家司馬遼太郎吐露的「台灣人的悲哀」。他後來解釋說，台灣人的悲哀就是，「無法度行家己的路（無法走自己的路），開創自己的命運」。

李先生吐露心聲的時間點，台灣剛好處在幾百年來最輝煌的狀態。小小台灣的經濟總量居然是整個中國大陸的三分之一強。除了積極實行民主轉型，台灣還在外部推動兩岸和解與務實外交，不僅廣受國際讚譽，也贏得大陸民眾的善意。

可惜他和他的接棒人雖有理想與信心，卻也有兩個嚴重的盲點。一是國際政治的殘酷本質，二是台灣民眾的務實性格。他們以為透過「認同」的強化與「公投」的程序就可以完成台灣獨立。這不僅誤判大陸及台灣民意，也不了解國際政治的基本原理。

國際政治從來就非常殘酷，一切憑實力講話，不可能允許「只要我喜歡，有什麼不可以」的任性。三年前希臘債台高築，卻拒絕歐盟債權方所提緊縮財政的要求，並以全民公投支撐其正當性。最後歐盟堅持，希臘摸摸鼻子不得不接受，公投也白投。

烏克蘭的情況與台灣更像。曾經是蘇聯成員的烏克蘭在蘇聯崩潰後希望脫俄入歐。但四千萬人口的烏克蘭無論歷史、地理、政治或經濟都與俄國極為接近，人口近兩成還是俄羅斯人。時任總統的老布希因此在烏克蘭國會演講時，勸告烏克蘭不要追求「自殺式的民族主義」。

四年前親歐的烏克蘭群眾誤以為可以得到美歐的支持，藉「廣場事件」趕走了親俄的民選總統。俄國普丁總統立即斷然併吞克里米亞半島。親俄的烏克蘭東部與南部省分也宣布脫離烏克蘭。美國與歐盟卻始終按兵不動，任由烏克蘭為自己的理想及誤判付出國家分裂的慘痛代價並流血至今。如果命運由國際權力平衡決定就算「悲哀」，那麼大多數國家都逃不掉這「悲哀」。

雖然如此，如果掌握時勢且操作得宜，「棋子」確實偶爾也可以像蔡總統所說成為「棋手」。筆者曾著書詳述李陳馬三位總統曾經如何「一條尾巴搖兩隻狗」。

其中馬政府翻轉國際實力原則的經驗最為突出。由於兩岸關係與美台關係同時改善，所以馬政府一反往例，居然能夠敦請前任副總統出席重大國際活動；派遣軍用運輸機跳島跨越好幾座美軍太平洋基地，經過洛杉磯，把救災物資送到遭地震摧殘的友邦海地；維持「外交休兵」卻又在日本北海道設處；舉行「馬習會」等等。

反觀現在自詡為「棋手」的蔡總統迄今沒有任何實質重大突破。親綠媒體炒作的高層互訪、陸戰隊駐台、航母泊高雄、台海演習等，全都不了了之。最糟的是，蔡政府把自己變成一張「台灣牌」後，台灣就從左右逢源的「尾巴搖狗」淪落為兩隻狗爭搶的那根骨頭，必須時時刻刻提心吊膽，觀察美國有否善意，大陸有否耐心。這豈不是回到悲哀的從前？

李蔡的國內盲點亦然。台灣民眾其實一向比較務實彈性，了解台灣不能只依賴主觀的理想及信心，而必須順應客觀情勢，尋求最好的平衡點。正因如此，民眾安全感越強時，台獨支持度越高；安全感越弱時，台獨傾向越低。

李蔡最失算的是，在「兩國論」啟動以後的二十年，台灣的經濟受政治拖累而急速衰退，成長率不僅低於世界平均數及東南亞各國，還被一個又一個的大陸省分超過。據估計，二〇二〇年台灣經濟總量可能落後於八個省之多；後視鏡中還將看到台灣先民為追求更好生活而離開的老家福建省快步追上來。

當台灣發現自己「經濟奇蹟」一場，最後回到等同福建省；「民主化」一場，卻逃脫不了大國主宰前途的宿命，那才是真正的「台灣人的悲哀」。為台灣蒼生計，主政者何必堅持自己唐吉訶德式的信仰？

一〇七年十一月四日・聯合報A12版

03 台灣與中華民國合則兩利

陸委會主委陳明通不久前在華府的演講多次提及「中華民國」。這是兩年來蔡政府反中去中大合唱裡罕見的變調。本來還在猜想，機率雖小，它會不會仍有一丁點可能是一個新的、好的開始？可惜蔡政府這次對東亞青運事件的高調反應，立即證明大合唱仍是大合唱。大合唱的人不知道自己多麼幸運！其實他們只要問問自己的上一代就知道了。

六月底李前總統跑了一趟沖繩，參加二戰時沖繩戰役亡故台灣人「慰靈碑」的揭幕式。兩年前蔡總統也曾在沖繩的「台灣之塔」上題字落款。二戰尾聲的沖繩確是個人間煉獄。短短八十天的戰役，美日兩軍各自陣亡十萬上下不說，據估計連沖繩老百姓都死了百分之十五到三十五，建築物更摧毀了九成之多。

最冤枉的是，很多沖繩民眾不是死於兩軍激戰，而是受到日本軍方鼓勵才集體自殺的。他們因為相信日軍的宣傳，說美軍會在占領後殘暴對待當地居民，害怕得全家躲在山洞裡相互殺害，或者一起跳下懸崖，或者用日軍發放的手榴彈自殺。

二戰末期美軍在太平洋由戰略被動轉成主動後，一直思考要打菲律賓、台灣還是沖繩，以便最後進攻日本本土。後來三選二，決定只打菲律賓及沖繩，獨獨放過台灣。如果當時台灣也成戰場，今天的台灣恐怕到處都立有「慰靈碑」。正因台灣落選，所以台灣直到二戰結束都是協助日本進攻別國的基地，而不是別國報復的對象，民眾生命財產的損失也都非常有限。對比之下，北邊的中日韓，南邊的東南亞各國，哪裡不是焦土一片，死亡人數從百萬起跳？台灣躲過這個歷史浩劫，豈不幸運？

同樣的，中華民國也很幸運。它在中國大陸輸了內戰，撤退到了台灣，立足不穩，人生地不熟，處境極為凶險。中共大軍當時已在全面集結人力物力火力，準備渡海而來。如果不是韓戰突然爆發，牽制了解放軍的主力，號稱要「血洗台灣」的大戰必將展開，那麼中華民國的前途固然堪憂，未曾見過血光的台灣居民恐怕也難逃大劫。

所以台灣是幸運兒，中華民國也是幸運兒。上蒼把這兩個幸運兒放在一起後，它們齊心協力、胼手胝足創造了舉世稱羨的經濟奇蹟以及後來的民主化。它們一起保衛台灣，一起建設台灣，一起捍衛中華民國的國際地位，一起維護中華民國的尊嚴。結果中華民國的招牌越擦越亮，台灣的名聲也傳播到全球。隨著時間的推移，它們彼此的和諧程度也越來越高。九〇年代還曾經不分彼此地推動民主化，兩岸和解，以及在國際社會裡的務實外交。

可惜二十年前台灣剛完成總統直選，有人就開始積極拆散「台灣」與「中華民國」。他們建議第一步不宜太張揚，先淡化「中華民族」，並把「中華民國」慢慢掏空，讓它變成一個沒有歷史內涵的空殼。不再紀念台灣光復或與中華民國相關的任何節日，連每年雙十國慶都淡化處理。中華民族及中華民國的記憶對他們似還不如日本殖民重要。記憶抹去以後，這兩年藉著全面掌權就開始推動第二步，把一九四九年以後主導中華民國的政黨乃至民間團體都加以醜化，借用「轉型正義」的新名詞，用表面合法的方式，不惜違反「不溯既往」的普世原則，剝奪它們的權益，讓它們永無翻身之慮。

最近情勢似已進展到第三步，那就是在官方場合甚至公文書上，開始悄悄拿掉「中華民國」這個標籤。在國際上則要把國際以及兩岸都已習用幾十年的「中華台北」改成「台灣」。照這趨勢下去，如果下次大選民進黨再度獲勝，「中華民國」及「中華台北」被徹底撕掉，應該也不必意外。

由於兩個幸運兒被迫分手，我們已經看到它們的矛盾不斷惡化，衝突一直加深。它們不再攜手拚經濟，近二十年的低成長、低薪困境因此會持續看不見底。它們不再合作拚外交，台灣因此會更成亞細亞的孤兒。最危險的是，台灣越獨，大陸就越有急統的緊迫感。沒有「中華民族」及「中華民國」支撐的台灣，獨自面對崛起的中國大陸強權，能夠存活多久？

上蒼其實對我們很好。兩個幸運兒合則兩利，分則兩敗。如果最終兩敗，只能怪自己，不能怪別人！

一〇七年七月二十九日・聯合報A12版

04 當前台灣困境的根源

蔡英文政府全面執政兩年，台灣似乎陷入前所未見的內外困境。蔡總統個人固然無可卸責，但困境的三個根源其實早在二十年前就已埋下。

按照時序，第一是一九九六年實施的「總統直選」。這個在當時被譽為台灣民主里程碑的設計是「領先就贏」，不需要得票過半數。這個設計把台灣的大選變成「百米賽跑」，只贏幾票也是贏。為了勝選，原來的君子全都變成小人，機關算盡，灑血割喉，贏者全拿，敗者不服。台灣上空從此瀰漫冤冤相報的戾氣。

第二個根源就是一九九七年的修憲。它把中華民國的總統變成權力超大的「大總統」，不只超過內閣制（如英日）的首相，甚至超過實施總統制的美國。內閣制的首相必須跟其他政黨及同黨議員分享人事權、預算權、政策權。建立在三權分立制的美國總統權力雖然大於英日首相，但經常受到國會參眾兩院的掣肘。相對的，我們的總統可以隨心所欲地任免行政院長及部次長，並掌握內外大權。行政以外的四權對總統的制衡極為有限。

最令美日領袖羨慕的是，「大總統」責任超輕。任何人入主凱達格蘭大道後，選民對他

（她）唯一的制衡就是四年以後的選舉。四年間，他（她）不需要像英日首相那樣常去國會報告與辯論，也不需要像美國總統那樣經常面對媒體，說明重大法案及政策。他（她）完全可以躲起來操縱全國大政，迴避任何監督。為了爭奪這個可以「由你玩四年」的「爽缺」，每四年的大選自然只有慘烈兩字可以形容。

二十年的實踐證明，這兩項所謂的「民主改革」相互配套，就在台灣島上留下三個清晰的黑腳印。第一，把台灣原來自傲的民主惡化成民粹。多少英雄豪傑發現，十年磨劍都是白忙，僅僅民粹一招就夠走遍天下。本來台灣一沒有大量外來移民，二沒有嚴重的貧富差距，三沒有宗教衝突，四沒有種族歧視，五沒有震撼的恐怖事件，為什麼還會民粹當道，而且早於歐美？答案當然是誘人的「大總統」爽缺。於是政客越來越短視，政策越來越訴諸感性而非理性，社會不斷被撕裂，經濟持續向下沉淪。二十年了，仍不知伊于胡底。

連帶的，因為爭奪太過熾烈，所以參選各方常常撕破臉，把「人民內部的矛盾」變成「敵我矛盾」。如此怎會有藍綠和解？怎會有「台灣共識」？

更糟的是，「大總統」如果不懂得自我克制，他（她）就會橫衝直撞、恣意妄為。遠的例子是李前總統的「兩國論」，及陳前總統的「一邊一國」、「正名」、「制憲」。它們最終胎死腹中，不是因為內部在野黨的制衡，而是外部兩個大國赤裸裸地出手干預。近的例子當然就是蔡總統近兩年一再肆無忌憚地，不惜違反普世民主法治價值，不在乎輿論風評，甚至不理會民調，把手伸進司法、監察、教育、媒體、民間團體等領域。

台灣困境的第三個根源就是一九九九年的「兩國論」。這是中華民國迄今最大的黑盒子。外界多半只知道李前總統把兩岸關係主張成「特殊的國與國關係」，卻不知道他還想透過修憲，把中華民國領土限縮在「台灣」。而當時主持兩國論小組的國安會諮詢委員蔡英文博士還向他提出高度樂觀的影響評估：美國將會「諒解與支持」台灣顛覆存在五十年的現狀，而中共官僚體系太過龐大，等它反應過來時，「兩國論」已成定局。豈料後來美中不但反應迅速，而且出手絲毫不留情面，李蔡只好心不甘情不願地收回原議，靜待再起良機。

現在原班人馬終於騎在民粹浪頭班師回朝，在「維持現狀」口號的掩護下，向「兩國論」匍匐前進。問題是，今天「兩國論」的客觀條件比二十年前更成熟嗎？

古云「十年河東、十年河西」。「大總統們」應沒料到，過去二十年中國大陸不但沒有崩潰，還如此巨幅地提升實力；民主化後的台灣不但連衰二十年，甚至整個社會都離心離德；美國不但不再獨領風騷，還如此自顧不暇。

台灣的民主令名因被「大總統們」利用來推動意識形態而徹底糟蹋。台灣的安全因為「大總統們」嚴重錯估形勢而付過慘痛代價。他們再錯下去，台灣怎麼辦？

一〇七年五月二十七日・聯合報A12版

05 嘆台灣的兩岸精神病

《聯合報》前總主筆黃年近日出版新書《獻給天然獨：從梵谷的耳朵談兩岸關係》。他選擇梵谷作為論述的起點，我只能用「別具慧眼」來形容。為什麼？

梵谷是西方美術史上一個罕見的偉大畫家。他短短的一生充滿了激情、挫折、勇氣、理想、矛盾、流血與創意。他畫作之多（兩千餘幅油畫及素描），生前賣出之少（僅一幅），在知名畫家中應是絕無僅有。他的割耳自殘，最後住進精神病院並舉槍自盡，更是他悲劇人生的兩大高潮。

我欣賞黃年兄的慧眼，因為如果撇開兩岸許多眼花撩亂的現象，只聚焦於它的本質的話，兩岸關係還真的很有梵谷的悲劇性格。而且經過藍綠紅幾十年的機關算盡及嗜血廝殺，我們似可確定，現在兩岸關係的精神病，像最後幾年的梵谷一樣，已經越來越嚴重了。

可不是嗎？台海兩岸隔海分治的前三十年，因為台灣與大陸一致追求「急統」而充滿了激情、挫折與流血。在美國第七艦隊長期橫加阻撓下，雙方不得已轉成「緩統」。大陸美其名曰「和平統一」；台灣的經國先生則從「反攻大陸」改成號召「三民主義統一中國」。當時大陸因為必須壓抑統一願望而罹患了輕微的憂鬱症。台灣則更嚴重，因為它長時間的「統一只能說，不能做」，導致初期的精神分裂。

李前總統時期繼續精神分裂。他表面上高舉統一的大旗，但實際上卻一方面用「民主化」理想療癒台灣民眾的挫折情緒，一方面把「民主化」逐步轉成「在地化」，然後再滑向「台灣化」。沒想到一路順遂以致志得意滿的李先生搶在任滿前提出「兩國論」的創意，想要一鼓作氣推到「台獨化」的時候，被美中兩強分進合擊逼回「一中各表」的原地。記得他在兩國論提出後面對美國駐台代表的當面質疑時，急切地辯解自己並不支持台獨，而是一直主張「一中各表」及「一個分治的中國」。從此以後，台灣部分人士就患上了躁鬱症，時而躁進，時而謙卑。

傾向躁進的陳前總統在任時，經過短時間的謙卑後，勇氣十足地向正名制憲的「急獨」理想邁進。台灣多數民眾及美中兩強聯合反彈，帶來了馬前總統八年的「不統不獨不武」，讓神經緊繃多年的兩岸關係終於鬆了口氣。但神經的鬆弛以及長期對國際問題的漠視，又讓台灣民眾誤以為兩岸的和平與安定輕易可得，而「台灣民意」放到國際甚至中國大陸，也必定是超級無敵的硬道理。這個誤解讓民進黨回掌了政權。

新上任的蔡政府當然明白國際與兩岸實力新對比的殘酷現實，另外應也沒有忘記「急獨」失敗的慘痛教訓。但它卻很尷尬地發現自己被自己長期「反中」與「台獨」的成功宣傳所綁架而動彈不得。折衷之道只好採取「緩獨」策略，對外講「緩」或「維持現狀」，對內仍「獨」。這就讓今天的台灣陷入新的精神分裂：「台獨可以做，不可以說」。這個分裂存在於蔡政府高層自己的言行中，中央行政部門的言行，以及其他黨政學媒的言行中，甚至還藏在眾多支持群眾的內心深處。

不幸的是，今天台灣的精神分裂極可能比早年的病症更嚴重，因為早年外在環境非常安全，非常穩定，可預測性很高，但現在的外在環境卻極不安穩而且挑戰性極大。更糟的是，原來殷殷仰望的精神科醫師美國突然自己變得不僅神鬼莫測，甚且有點自顧不暇，以致任何風吹草動，無論出自大的太平洋兩岸或小的台海兩岸，都會牽動台灣的大小神經。所以病患的心理壓力比過往任何時期都大。我們擔心，嚴重的精神分裂持續一段時間後，不斷累積的挫折感很可能爆發出更大的問題，釀成像梵谷自殘甚或傷及無辜的悲劇。

冷靜地看，台灣這麼多年的精神病，除了人為的因素外，也有很大的程度是它的歷史與地理決定的。但它不是不能治療。事實證明，最近八年就是比較緩和的時期。當前的台灣很容易可以做的自我療癒就是設法改善自己的對外關係，尤其是緩和過度緊張的兩岸關係。怕就怕患者不願意採取任何治療行為。若如此，我們就只能為天下蒼生長嘆啊！

一〇六年四月二日．聯合報A14版

06 實力乎？民意乎？

因緣際會在國外碰到一位曾任聯合國安理會主席的資深外交人士。我問他，在主席任內什麼事讓他印象最深刻。他毫不猶豫吐出了三個英文字：power、power、power。他還舉了幾個實例說明，在「國家實力」面前，什麼原則、制度、認同、民意等全部靠邊站。

的確，國際政治迥異於國內政治，因為它近乎無政府狀態，既沒有中央政府、也沒有警察、沒有軍隊、沒有必須硬性服從的法律與法院，一切都靠國家各自的實力。這就是為什麼早有人半開玩笑地說，「如果小國與小國爭執，爭執會消失。如果小國與大國爭執，小國會消失。如果大國與大國爭執，聯合國會消失」。

實力原則的證據可說不勝枚舉。二次世界大戰時，同盟國戰勝法西斯靠的不是制度，而是實力。冷戰美國最終壓倒蘇聯，靠的也不是民主思想，是實力。一位東南亞資深官員曾公開說，歐盟在與東協談判自貿協定時表示，希望享受與美國一樣的優惠。東協的答覆是，「當然可以，如果你們也派航空母艦來這裡巡邏的話」。

生意人出身的美國總統川普比誰都更清楚實力的重要性。他上任後陸續與多國元首通了電話。他對墨西哥總統聲色俱厲，與澳洲總理話不投機就提前掛斷電話，與法國總統談得很「辛苦」，同意與德國總理年內互訪，最後他送給習近平主席「一個中國」的髮夾彎大禮。上述的大小眼，隱含的不是個別國家的實力差距，是什麼？

奇怪的是，這麼關鍵的普世原則在台灣竟遭強力扭曲。有的政治人物一方面在國內極度重視實力原則，幾乎無時無地不在算計選票，設法擴張自己政黨的實力，打擊對手的實力。但另一方面在處理對外關係時，卻似乎完全無視實力原則的存在，只強調台灣的民意，動輒端出各式民調數字，要求別人「不要傷了台灣人民的感情」，彷彿只憑「台灣民意」就可以行遍天下無罣礙。

在大眾媒體去國際化的台灣，部分民眾很輕易就接受「民意至上」的論調，真的以為走出台灣也是「只要我喜歡，有什麼不可以」。他們忘了其實各國都有自己的民意。記得幾年前一位美國卸任資深官員在台北演講時，被問到「如果台灣民意決定台灣要獨立時，美國會怎麼辦」？他當下答覆，「我們美國的民意會告訴你，我們不支持台獨」。這句話非常實在，因為沒有國家有義務一定要尊重別國的民意。

講得更極端一點，如果各國都必須尊重別國民意的話，這個世界就不會有爭執，更不會有戰爭。正因為民意在國際關係裡只作參考用，所以這個世界才充滿了矛盾、衝突，甚至戰爭，也才需要政府間的溝通、折衝與妥協。沒有國家可能在對手國「不接觸、不談判、不妥協」的情況下，只憑對手的民意，就全盤接受它的立場。這個簡單道理，一般民眾可以不清楚，但擁有大量資訊及執政經驗的政黨與政府卻不應該假裝不知道。

我們更需注意的是，過去允許台灣用近乎「撒嬌」的心態及手法打「民主牌」的國際環境已然轉變。第一，過去幾十年帶頭推廣民主的美國現在轉念只要「美國優先」，大幅降低對民主、人權、自由、認同、自決的關心。其他西方國家也多忙於自己內部的經濟與社會問題。至於非西方的民主國家，根據美國學者統計，已有三分之一捨棄了西方民主，改走更適合自己國情的道路。在各國自掃門前雪的情況下，台灣「民主牌」還有多大市場，實在大有疑問。

第二，既然以本國利益掛帥，勞師動眾遠赴國外的救援行動，就必須斤斤計較。譬如，川普說過好幾次，將來如果要出兵伊拉克以打擊伊斯蘭國，就要占領該國油田「作為補償」。在台海的劇本中，台灣要拿什麼補償給川普的美國？

第三，這十幾年台灣的民主化已被證明是「自由有餘，治理不足」。它的國際吸引力正在快速消退。同時如所周知，台灣的實力也正不斷下降。

面對近期緊繃的國際與兩岸情勢，台灣民心的忐忑不安可說已溢於言表。執政者如果真的愛惜台灣民意，就應該趁此風雨前的寧靜時期，在政策上做出務實的調整，好讓台灣終能趨吉避凶。

一〇六年二月二十六日・聯合報A12版

07 溫水煮青蛙的台灣

在國家發展的歷程中往往會有五個階段。第一個階段，國家很窮，國民也自覺很窮。第二階段，國家慢慢有錢了，但人們還覺得自己窮。第三階段，國家有錢，大家也知道自己有錢。第四階段，國家慢慢沒錢了，但人們仍感覺有錢。到第五階段，國家更窮了，人們也知道自己真的窮了。

台灣現在哪一階段？恐怕很多人會答第四階段。從三方面來看，這應是實情。

經濟上，台灣在兩岸分治以後人人胼手胝足，事事追求卓越，終於締造了傲人的經濟奇蹟。但自二〇〇〇年起連續十五年，台灣的經濟成長快速滑落，年均在東亞只高過日本，而落後所有其他國家。與台灣相比，南韓從二〇〇〇年的一點七倍擴增為二〇一五年的二點六倍；鄰近的菲律賓則從同時期的零點二四倍追趕成零點五六倍。

台灣落後大陸的幅度更加驚人，二〇〇〇年的大陸經濟總量是台灣的三點六倍，二〇一五年已遽增為二十點八倍。與各省比較，去年超越台灣的已有五個省之多（廣東、江蘇、山東、浙江、河南）。如用兩岸官方數字預估，到今年年底還會有三個省（湖北、四川、湖南）超過台灣。倘頹勢不變，到二〇一七年河北與遼寧將再超越台灣，而二〇一八年台灣就將輸給福建。當年先民離開祖籍地的福建到台灣來追求更好的生活，哪天若竟落於福建之後，情何以堪。

第二，過去台灣的安全依靠冷戰架構與自己的國防實力來維繫。但近二十年國人忙著內鬥，好像完全不在乎中共的軍事現代化已經先打破兩岸軍力平衡，後又改變了美中在東亞的軍力對比。筆者曾多次撰文指出，台灣的安全環境已經惡化到美國可能不願再派航母馳援的地步。但許多國人似仍以為安全無虞而「只要我喜歡，有什麼不可以」。

軍力平衡的變化通常有兩層意涵。一是軍事，二是政治。美中與兩岸軍力對比的改變不一定表示戰爭必然發生，但絕對意味著雙方政治折衝的實力會隨之起伏。現在一方面部分民眾勇於羞辱國軍，一方面政府怯於務實處理兩岸關係，兩者一致把國家安全的軍政兩面都片面託付給美國。這對強調獨立自主的台灣而言，實在是一大諷刺。

第三，台灣曾經是第三波民主化浪潮的模範生。很多國人也引以為傲，並在大陸經濟茁壯後把我民主化高舉為兩岸最大的落差。但政黨、選舉及媒體越來越多以後，台灣的民主反而墮落成民粹。民眾固然自由發表意見，但這些意見卻不能透過民主程序整合成能解決問題的方案。淨結果就是台灣民粹有餘，而治能不足；經濟持續衰退，不管哪黨執政。

持平地說，台灣不是唯一民主墮落的惡例。長期研究民主的美國學者戴蒙（Larry Diamond）最近指出，一九七四年第三波民主化開始時，全球只有三成國家是民主國家，到二〇〇六年已經擴增到六成。但自二〇〇〇年起民主化開始退潮，至二〇一五年已有二十七個國家（如俄國、泰國、土耳其、肯亞）被認為「民主失敗」。美國自己的民主招牌也因政黨惡鬥及選舉亂象而大片落漆。美國民眾更只剩兩成還樂於向全世界推銷民主價值，其餘八成都傾向休管他人瓦上霜。

在台灣的民粹逐漸舉世聞名，而全球民主退潮之際，我們不得不懷疑，所謂的「台灣新民意」究竟在國際上能獲得多少同情與支持，會不會太一廂情願？

台灣與南韓當年幾乎同時經濟起飛及民主化。但南韓在金融風暴後深刻反省再出發，而台灣卻像溫水煮青蛙那樣一直自我感覺良好，當然就被南韓遠遠拋在後面。

真希望現在的台灣還在第二階段。那時候民眾的心態是開放的、謙虛的，政府的政策是務實的、審慎的。經濟上絕不會滿足於小確幸，而希望追求卓越，精益求精。政治上嚮往民主，希望滿足民眾「知的權利」，並同時對國際與大陸開放，絕不會在每天消費垃圾新聞的同時，還自以為「民主成熟」。在安全上，會「居安思危」，敬重國防，絕不會一面勇於外鬥，一面自毀長城。

我們不希望台灣需要經歷什麼風暴才覺醒，而能及早自我警覺，跳出當前困境。但如仍像現在這樣自以為是，內鬥外也鬥，恐怕不管多少老本都會賠光的。

一〇五年九月十一日・聯合報A16版

08 失衡的國安人事布局

震驚國際與對岸的飛彈誤射事件暴露了許多令人感慨的重大問題，其中包括過度傾斜的國安人事布局。

依媒體報導，誤射於本月一日早上八點十五分發生時，蔡總統正準備在洛杉磯參加僑宴。僑宴結束也就是事發將近五小時（台北時間中午一點）才召集會議，聽取留守台北的國安會陳副祕書長的電話簡報。外交系統另聲稱在當天「中午」已知會美國。但北京國台辦的張主任在下午三點還表示並「沒有得到這個消息」。

這件事直接牽涉到蔡總統與國內及隨行幕僚間、兩岸間、台美間，以及國安系統內部的溝通問題。他們有沒有溝通？溝通是否及時？訊息是否確實傳達與消化？溝通者的專業素養如何？溝通者之間的互信程度如何？這一切都與國安系統的人事有關。

國安系統一般以總統身邊的國安會為最高層；它協助總統指揮監督國安局。接下來是部會層級的外交部、國防部及陸委會。然後才是官方唯一授權的民間團體海基會。從表面上看，蔡總統任命的人選都是一時俊秀，在各自領域也都頭角崢嶸。但合成一個國安系統卻明顯出現兩個特殊現象。

第一，專業不足、政治有餘。這在扮演總統國安「大腦」角色的國安會中尤其明顯。國安會依法除了祕書長外，還設有三位副祕書長及五到七位諮詢委員。目前蔡總統只任命了兩位副祕書長及四位諮詢委員。其中具國安專長的只有三位（國防、兩岸經貿、資訊），另外三位的專長分別是民調、撰稿及司法；外交、情報或兩岸關係的專業都付之闕如。這個弱國安、強內政的布局不僅與馬政府大相逕庭，也迥異於李扁時期的做法。

它透露兩則讓人不安的訊息。一，目前國安問題紛至沓來，近的有台海、南海、東海、南北韓，遠的有恐怖主義、歐盟弱化、中東戰火。這等時節，怎可如此輕忽國安專業？二，難道隱隱然準備回到國安議題的國內操作？過去扁政府的慘痛經驗猶歷歷在目，此一布局難免啟人疑竇。

第二，缺乏兩岸溝通的基本誠意。在兩岸隔海分治，血腥鬥爭四十幾年的背景下，兩岸的溝通管道從試探、接觸、建立及運作，從來就不是簡單的事。馬政府幾經努力才把兩岸溝通「正常化」，讓兩岸兩會恢復往來，陸委會與國台辦之間有了熱線，兩岸許多部會開始直接聯繫，協調解決民間的疑難雜症，另外還建立了國際常見的高層政治溝通。

不幸這個順暢的溝通機制最近停擺。民共雙方在「一個中國」及「九二共識」的核心議題上的對立僵局，當然是最主要的成因。但新政府的國安人事布局可能也強化了北京對蔡政府誠意與善意的疑慮。正如所有政府與觀察家都會藉由人事布局，而不是只依賴官方聲明，來管窺任何新政府的政策走向與基本意圖，相信北京一定也正密切關注蔡政府的國安人事。

其中國安會部分已如前述。而陸委會新任主委的專長與經驗居然也不在職掌領域。三位副主委中的兩位似乎也只有相當有限的兩岸經驗。其中一位更曾罕見地被對岸長期溫和的重量級智庫人士在台灣公開撰文批評「其論述處處謊言，連自己都信以為真了」。如果兩岸關係基本平順，這些任命尚僅是小傷。但如今兩岸氣氛嚴峻，就會讓北京更懷疑蔡政府是否真有溝通的誠意。

我們試用同理心設想就更能理解問題的所在。如果蔡總統的對美人事也是這般布局，讓現在的國安會與外交部的多數任命都由不具太多美國專長的人出任，華府對他們沒有太多的接觸與認識，其中甚至有被華府視為「不受歡迎」的人物，試問美國政府及智庫會作何感想？同樣的假設也可適用於對日布局。

但我們看到蔡總統的對美人事卻是十分「用心」，對日人事甚至可用「貼心」來形容。兩相對照，她「遠中國，親美日」的大政方針昭然若揭，其中似乎還隱含「不願意或起碼不急於兩岸溝通」的強烈訊號。若再加上主司溝通的海基會及二軌智庫人事的遲遲不能定案，一切就更清楚了。

還好目前國安人事仍有若干空缺，可供蔡總統任命。我們希望她藉此釋放善意，而不是強化疑慮。

一〇五年七月十日・聯合報A12版

09 從馬習會看台灣的「自虐」與「他虐」

十一月七日在新加坡舉行的馬習會絕對是近年國際最大的盛事之一。據了解，將近兩百家媒體、六百多位記者現身會場，其中三分之一是國際媒體，三分之二是兩岸及港澳媒體。馬習兩手互握的相片登上大多數各國文字與電子媒體的重要版面，不但讓台灣難得地在國際社會露臉，而且得到非常正面的評價。但回到國內，大多數報導與評論好像仍然陷入政黨惡鬥的窠臼，以明年大選為取向，而不是超越政黨而以國家利益為取向。為什麼台灣與國際的看法會差得這麼遠？

筆者以為最根本的原因是台灣孤立太久了，以至於今天許多人根本不知道，甚至不在乎外界怎麼變、怎麼想，凡事「只要我喜歡，有什麼不可以」。起先我們的孤立是外面強逼的，但後來慢慢變成是我們自己把自己圈起來，不看、不聽、不想、不理。換句話說，既有「他虐」，也有「自虐」。

的確，自一九七一年中華民國退出聯合國及其相關組織以來，台灣就陷入嚴重的外交孤立。最低潮時我們只有二十一個邦交國與極少的政府間國際組織的會籍。李登輝總統執政前半期的「務實外交」及馬英九總統的「活路外交」，總算讓台灣的國際空間稍微擴充，但也十分有限。這就使得我們的政府與民間越來越往內看，越來越像寓言故事裡的「井底之蛙」。

美國前國務卿希拉蕊在卸職前驕傲地透露，她在四年任內曾訪問了一百個國家，包括中國大陸的所有鄰國。筆者曾在歐洲舉行的一次國際會議上親耳聽到德國外交部長說，他僅僅在任兩年就已經訪問了一百個國家。這對我們中華民國的外交部長來說，絕對是不可能的任務。

比雙邊關係更糟的是多邊國際組織的參與。早年外交界的先進多多少少還有參與國際組織會議或活動的經驗。最近幾十年由於全球化的緣故，國際組織越來越多，所討論的題目也越來越龐雜，每天不知有多少國際活動在進行。但台灣絕大多數涉外的高層官員，包括筆者在內，都沒有類似的歷練。這種孤立使得台灣近幾十年與國際社會的關係越來越疏離。在各種國際規則（譬如一九八二年的海洋法）紛紛進行大翻修的時代，台灣完全成為旁觀者。不管國際規範怎麼制訂或修訂，我們只能照單全收（taker），不依規範行事還要受罰。我們從來不是這些新規範的制定者（maker），甚至不是參與影響者（shaper）。

照說碰到這種情況，本來台灣可以凝聚內部力量，在國際上務實地多交朋友少樹敵，逢山開路，遇水搭橋，逐步累積自己的資源與信用。以國際空間如此之大，只要我們努力，一定會有一席之地。即使碰到像北京這樣強大的對手，也可以靠智慧與耐心「求同存異」，積極尋找互利互惠的可能。李馬兩位總統不都已證明這是可以做到的？

可惜台灣後來卻是自己把自己孤立起來。這個起點大概是台灣的民主化。自九〇年代初期，政治菁英開始不分黨派地瘋狂投入權力的爭奪戰。頻繁的選舉與「勝者全拿」的遊戲規則迫使他們經年累月只專注於國內選票的經營，每天只知跟著民調跑，或「看媒體治國」，而忽視國家長遠利益的設計及追求，更不肯花心思在沒有選票的涉外問題上。有時為了彰顯台灣的「主體性」，還故意展現「橫眉冷對千夫指」而不懼的氣概。

部分媒體「愚民」的作用與政黨一樣大。民主化後的媒體曾經大致實踐了當初民主的理想，滿足了民眾「知的權利」。但曾幾何時一些媒體卻墮落成國人心靈的亂源，讓他們只知道眼皮底下雞毛蒜皮的小事，完全無視攸關國家前途、人民幸福的大事。更糟的是，它們還忘了媒體應該在國內的政治遊戲中維持一定的客觀性與中立性；評論可以有色彩，但報導卻應該客觀。在這樣羶色腥的媒體大環境裡，最常被犧牲的就是國外的新聞。久而久之，民眾根本不知道外面世界的千變萬化。

所以台灣今天的孤立是「他虐」加上「自虐」的結果。只批判「他虐」而不尋求問題的適當解決，不但不會緩和孤立，反而徒然強化「自虐」。筆者以為，緩和孤立的關鍵還繫於溝通的有無，其中包括內部及外部的溝通。

內部的關鍵又在前述的政黨與媒體的手上。因為任何民主社會都靠「政黨」與「媒體」來整合民眾不同的意見，最後才由行政及立法部門決策與執行。但今天台灣的政黨早已淪落成選舉的機器與鬥爭的工具。部分媒體也墮落成政爭的打手與商業的俘虜。兩者都沒有發揮它們應有的整合民意的功能。所以台灣民眾儘管高興且驕傲地自由發表意見，但他們的意見事實上極少被整合成可以解決問題的方案。

譬如，大家都知道兩岸關係重要，但這些年來，大陸政策永遠只是政黨鬥爭中的政治皮球。相關歧見不只政黨間始終沒有討論，甚至連政黨內部都沒有整合。不只沒有整合，似乎連努力整合的跡象都看不到。難道大陸政策在黨內及兩黨之間的距離竟然遙遠到沒有任何妥協合作的空間？內部分裂至此，如何進行外部的溝通？

兩岸的距離原本比台灣內部更遠。但事實證明，事在人為；不是不能，而是不為。李登輝時期的「一中各表」及馬英九時期的「九二共識」為遙遠的兩岸搭起了溝通的橋梁。原來只能透過海基會與海協會的「白手套」來握手，現在不只進展到部會首長的見面，還提升到馬習兩位最高領導人的面談。這是台灣孤立最大的突破，是「他虐」降低的一大步。令人遺憾的是，台灣好像還是陷於（甚至享受）「自虐」而不自知。

明年如果兩岸的既有橋梁被切斷，又沒搭起新橋，兩岸難得順暢的溝通就會中止。眼看現在各國普遍與大陸積極溝通往來，到時候台灣恐將不只是「他虐」而且是「他們虐」。真不知仍忙於「自虐」的政治人物及媒體是否已慮及於此？

一〇四年十二月・遠見雜誌・頁五二—五四

10 跳脫「松鼠」的宿命

兩年多前筆者曾在「台北論壇」網站撰寫〈台灣民主的反思〉的七千字長文，並在「名人堂」專欄刊出其摘要。文中我逐一檢討總統、立法院、政務官、事務官、政黨及媒體等六大公權力。結論之一是如果這些公權力不脫胎換骨，任何人當總統都會是「籠裡的松鼠」，跑了半天，仍在原地。幾天後馬總統宴請所有的總統府資政。他進場握到我的手時笑著說，「今早我看鏡子，好像看到了一隻松鼠！」

兩年後的今天，馬總統果真像那隻累得半死卻討人嫌的松鼠。但我們如果冷靜想想，松鼠的責任當然無可逃避，但籠子就沒有責任嗎？如果其餘五大公權力仍不改善，誰有信心下一任總統不是松鼠？如果下任總統不像馬總統一樣處理好兩岸關係及國際關係，這個籠子極可能變得更小更緊，而松鼠還可能摔一大跤。

即使只談國內情勢，我們可以想像：如果下次總統大選真的政黨輪替，重新在野的國民黨全力模仿過去幾年民進黨的「逢〇必反」，時時反對，事事杯葛；如果立法院依舊立法怠惰，以鬥爭為本業，放任議事長期空轉，並任由極少數人把持大部分的立法工作；如果媒體仍像現在這樣「極端化、民粹化、弱智化」（王健壯語），每天在螢幕及平面上提供最少的資訊，並用最尖酸刻薄的語言製造最大的仇恨，凌遲原本善良溫和的台灣社會；如果社會賢能人士仍然多數不願意面對政務官的高門檻而服務公職；如果事務官仍然以「管理」及「防弊」，而不是以「為民興利」為職責，放著多少陳年陋規（甚至是戒嚴時期的）不思修改。

倘若這些「如果」兩年後都存在，相信下任總統的困境一定會超過現在的馬總統，因為再經過一年半的權力廝殺，台灣的社會將更分裂，經濟將更疲軟，國際形象將更毀壞，人民對政治人物將更不信任。到時候即使國家安危暫不出事，台灣民主的信譽恐怕已經折損大半。

所以今天的病灶既是馬總統的領導力，更是台灣的民主本身。這不是說民主制度不好，而是當年民主在長期戒嚴的台灣驟然實施，權力很快由集中轉成分散。這就使有意政途的眾多菁英像是「大風吹」遊戲的玩家一樣，心中永遠在想著下一場選舉，眼睛永遠在看著下一個位子。二十多年來，他們忙著粉墨登場、上台下台，忘了他們投身政壇應要為國家社會謀求最大的福祉；忘了沒有天然資源，只能依靠人力資源的台灣，完全禁不起這樣的惡鬥及撕裂。他們自私的爭權奪利不僅扭曲了民主的理想，而且嚴重分裂了台灣的社會、重創了台灣的整體競爭力，並幾度傷害了國家安全。

這次的九合一選舉事實上帶來一個新的契機。迄今我們欣慰地看到一個似乎「勝不驕」的民進黨以及「敗不餒」的國民黨。但我們更希望大贏的民進黨今後不再為反對而反對，而要有承擔責任的準備。大輸的國民黨既然扛不起全部責任，就該釋出部分的責任。我們還希望國民兩黨盡快放棄過去的惡意對抗，轉而學習大和解。

具體地說，筆者以為，馬總統應該留任總統，繼續主掌國安大計，畢竟這是他最亮麗的政績，也是華府、北京一再肯定台灣的主因。馬的存在因此可以安定台灣的外部大環境。但同時馬總統也應該以總統的高度呼籲並推動朝野和解與對話，尤其是針對前述五大公權力尋求兩黨及各界都能接受的改革方案。他如能利用此一契機走出這一步，對他個人、對兩大黨、對台灣都是好事。

在政策部分，為了避免牆內牆外永不止息的對抗，朝野可試在新內閣中協調出某種程度的聯合形式，在院部級邀請不同黨派的人擔任政務主管。這個做法在陳前總統初期已有先例。在總統制的美國也偶爾出現，譬如歐巴馬就曾敦請兩位共和黨人先後擔任國防部長，小布希也曾留任民主黨的中情局局長。雖然大部分新閣人事現已暫定，將來仍可即談即行聯合內閣，不需要驚動到修憲。兩黨的政務官將來可以拿出各自應興應革的最佳方案在牆內相互折衝，並爭取民眾支持。

能夠這樣，下一位總統才不會又是隻松鼠。台灣的民主招牌才會再度發亮。

一〇三年十二月七日・聯合報A14版

11 相互毀滅還是相忍為國

日前在華府的研討會上，一位甚受各界敬重的美國前官員公開問道，台灣政治人物之間的基本情誼到哪裡去了？另一位前官員私下問，台灣內部政經情況那麼差，外部環境也明顯惡化，台灣的人怎麼好像沒有感覺？還有一位擔心台灣內部的僵局何時結束？這都是行家的大哉問。

其實長期觀察各國發展的人都知道，國家與人一樣都有起有落，都有衝勁也都有惰性。當初落後於台灣的南韓在九〇年代初與台灣同步開啟民主化與自由化。但南韓經過九〇年代末金融危機的震盪，全國痛定思痛，轉而針對金融、產業及媒體進行改革，不僅立即超前而且大幅拉開與台灣的距離。中國大陸經過文革浩劫，也痛定思痛全力推動改革開放，僅僅三十年光景就躍居全球第二大經濟體。現在連停滯二十年的日本，都因為受到中國大陸崛起的刺激而有奮起之勢。

台灣早年的故事也很類似。外交變局刺激出台灣經濟奇蹟。社會多元化再刺激出台灣的民主化。但最近二十年台灣一直陶醉在民主化及經濟奇蹟裡，又沒有經歷巨大的震盪，政經衰退的速度也相對緩和，所以一般人漸漸失掉衝勁，出現惰性。仍以民主沾沾自喜的人，可能不知道我們「自由有餘、治理不足」的民主在許多地方已被看成負面教材。滿足於「小確幸」的人，好像不知道我們的經濟成長已經連續十幾年名列東亞倒數第二。

這種情況當然可以再拖下去。台上的人或許希望拖到他們鞠躬下台，一切自然沒事。台下的人或許也希望拖下去，更方便自己上台；一切難題等上台以後再想辦法。眼下就繼續鬥，繼續拖吧。

但現況可能再拖多久？我們來算算看。現在大家都看得到的是，行政與立法的僵局卡住了服貿協議、監督條例、兩岸設處，以及自由經濟示範區等等。執政黨雖占多數但人心不齊，根本敵不過在野黨的堅定少數加上體制外呼之即來的伏兵。

這個僵局直接牽引出兩岸關係的僵局。過去六年經濟協議的列車很可能就此煞住。兩岸設處的議題恐怕也不容易向前進展。雙方針對「馬習會」要在國際場合或雙邊場合進行的空中對話，似已冒出了火氣。北京期望的政治對話更是遙不可及。明顯地，藍綠紅的兩岸政策都走到了瓶頸。

兩岸瓶頸當然會加深台灣的國際困境。我國對外的雙邊關係（包括簽訂自由貿易協定）以及多邊關係（尤其眾所關注的跨太平洋夥伴協定及區域全面經濟夥伴協定），都將雪上加霜。

連帶的，作為我國經濟成長唯一引擎的「出口」，在南韓與各國（包含大陸）自貿協定的夾殺下，必然受創。其他兩大引擎，「投資」及「消費」長年疲軟，更不可能在國內政治的惡鬥環境中恢復元氣。

再連帶的，就是民眾會加深對前景的憂慮，對兩大政黨的失望，及對其他公權力（包括立法院、媒體等）的厭惡。

內外僵局如此環環相扣，絕對不是一個讓人安心的畫面。今年年底的選舉是個大家看得見的引爆點，但年底前也可能有國內外的意外事件提前點燃引信。目前大概只有極度樂觀的人才會相信可能平安無事到後年。

這些僵局的病灶當然不只一端。但可以確定的是朝野政黨惡鬥及馬王私人恩怨絕對是重中之重。前者如不舒緩，藍綠冤冤相報必定燒到兩年以後。屆時他們如還號稱「愛台灣」、「愛民主」，將成最大的笑話。

至於馬王之爭的誰是誰非，其實已不是司法可以裁判。民眾關心的已經不是兩人如何相互毀滅，而是整個台灣的前途可能被他們摧毀大半。

當年歐巴馬與希拉蕊角逐黨內初選的激烈程度只有刀刀見骨可以形容。獲勝的歐巴馬總統後來邀請希拉蕊出任國務卿，她欣然接受。四年後她光榮下台，歐巴馬邀請她史無前例地一起接受電視專訪。主持人劈頭就問歐巴馬為什麼要主動邀請希拉蕊同台受訪。他說，我要當著全國觀眾的面前向她致謝，感謝她過去四年的付出。希拉蕊接著被問，為什麼四年前黨內初選失敗了，她還願意出任歐巴馬的國務卿。她說，我努力過了，但輸了，而歐巴馬與我一樣熱愛國家，所以我願意不計前嫌加入他的團隊。

多麼漂亮的兩位政治人物！台灣的民主可能嗎？我們期待。

一〇三年七月十三日・聯合報A14版

12 從「乎乾啦」到杯弓蛇影

學運爆發後不少人說「恐中情結」應是主要動力。現在掀起新的恐核風潮，真相才清楚些。原來關鍵不是「中」或「核」，而是「恐」這個字。先有「恐」，才有「恐中」或「恐核」。甚至可能「恐」大於恐中，也大於恐核。

台灣的歷史及地理讓很多人先天就有很強的恐懼感。冷戰期間台灣上下經常都在戒慎恐懼地過日子。解密的美國文件顯示，四十多年前季辛吉與周恩來談判時就曾表示，不會阻礙台灣被統一。還好當時的台灣努力把恐懼轉化為力量，創造經濟奇蹟與民主化，走出新的一片天。

民主化初期的台灣自信滿滿、豪氣萬丈，又是民主化，又是經濟奇蹟，又是兩岸和解，又是國際美譽，吃飯時「乎乾啦」，唱歌時「愛拚就會贏」。當然沒有恐懼，更不會恐中或恐核。

九〇年代中期，民主化的後遺症慢慢出現。政治菁英權鬥逐步導致社會的分裂。原來只是國民黨內鬥，後來加上國民黨與民進黨，及民進黨內部的惡鬥。馬總統上台後，兩黨繼續酣鬥，兩黨內部也四分五裂。現在連總統與立法院長都公開撕裂。我們政治品質已經低落到連立法院淪陷都成家常便飯，還不知道全世界都把它看成笑話或恥辱。

大環境如此惡化，投資與消費意願當然十幾年上不去，經濟競爭力當然衰退，薪水當然不易調升。大眾媒體為了競食不斷萎縮的廣告大餅，也慢慢喪失了解嚴初期的理想性，忘了他們傳播知識、提升社會品質的天職，把閱聽大眾一步步導向雞毛蒜皮芝麻綠豆的小事。網路發達後，小眾媒介再牽著大眾媒體走。人的注意力越來越分散，忍耐度越來越降低，願吸收的資訊越來越簡短。結果就是理性日漸退位，而感性與情緒的分量在民眾思維甚至菁英決策中不斷提升。

不過二十年光景，台灣就從一個自信十足，追求卓越的有為青年，變成深怕開了窗子就會感冒的老人家。以前一只皮箱走天下，現在竟然不敢出門，也不敢讓人進來。

這個轉變當然也有外部因素。在台灣意氣風發的時候，曾經多次出手想改變現狀，如兩國論、一邊一國、公投制憲等，但每次都被美中兩大國強力壓制。台灣部分民眾的挫折感因此持續上升，並被轉化為「恐中」甚至「反中」的情緒。

馬總統的「不統、不獨、不武」穩住了外部環境後，本來很有機會讓台灣跳出恐懼，利用大陸與世界難得的善意重建台灣的自信。但他的政策雖然前進，論述卻十分保守。幾年來他的政策效益全面地反映在政治、安全、國際空間，及經濟文化等面向上。這顯示馬政府不但有能力同時處理中國大陸的「威脅」與「機會」，而且也能夠同時提升兩岸關係及國際關係。其他國家願意強化對台關係，也是因為它們認識到，兩岸經濟協議的簽訂正表示兩岸政治互信及相互善意已經發展到了一定程度。這個能力在李登輝總統後半期及陳水扁總統任內是看不到的。

可惜馬政府保守地把論述侷限在經濟領域。只談經濟效益，民眾自然就在經濟領域斤斤計較，還留下一大片空白的政治領域被真真假假的恐懼心理牽著走。論述保守柔弱，傳達的訊息就是馬政府好像對自己的和解政策也沒有足夠的信心。既如此，當然恐懼心理就揮之不去。恐中、恐核、將來再恐什麼，接二又連三，就不足為奇了。

與此同時，民進黨成功地迎合並利用民眾的恐懼心理，從不同的角度強調「中國威脅」，彷彿其中沒有「機會」；同時強調「從世界走進中國」而不是「從中國走進世界」，彷彿世界可以完全不顧中國而與台灣來往。這個論述現在已經成功到不但制約了馬政府的兩岸作為，也綁架了民進黨自己的對中政策，讓兩者都動彈不得。

台灣是不同世代移民組成的海島，一定程度的恐懼是自然的。但如果大多數人，尤其是年輕人，都陷入恐懼，甚至自己嚇自己，肯定一事無成。恐懼不是不能克服或轉化為進步的動力。如何動員社會最大的力量，像當年經國先生那樣，讓台灣脫胎換骨，是領導力最大的考驗。

一〇三年四月二十七日・聯合報A14版

13 台灣的共業

日前一場跨黨派餐會聊到當前反服貿學生占領立院殿堂的事。一位民進黨朋友把它形容為「共業」，滿桌皆認同。

什麼是「台灣的共業」？依筆者看，有內外兩面，都是全球獨一無二的「台灣特色」。內的這一面，幾十年來絕大多數的國家都只吵「政策」，不吵「統獨」或「制度」。唯有台灣同時在三個層次上爭奪。今天的服貿之爭實際上背後是分量更重的「統獨」及「制度」層次的爭奪。

關於統獨問題，台灣內部多已清楚地認識到法理台獨在短期內幾乎不可能實現。北京也把政策重點轉成「和平發展」，而不是「和平統一」。換句話說，統或獨都只是未來的想像，而不是當前的政策。那麼現階段台灣內部應該辯論的是：如何更好地調節大陸的「威脅」與「機會」，來給台灣創造美好的前途。但民進黨「逢中必反」的情結，加上馬政府消極畏怯的論述，使得這個辯論被完全扭曲，結果讓台灣遠遠落在善用大陸機會的南韓之後。

在制度面，西方的民主制度輸入到「人情味濃厚」與「政黨惡鬥」的台灣馬上就出現新的變種。最好的例子就在立法院。台灣選民對「選民服務」的重視，加上政黨對該黨立委的要求，使得一般立委投注「正業」（即立法）的時間遠不及其他民主國家。為了讓立委能夠安心經營「副業」，還設計出一個獨步全球的「朝野協商」制，責成立法院長召集各黨的大小黨鞭，拍板決定絕大部分法案的生死。立委每一會期只需花一天投票即可。

選民因此賺到立委出席婚喪喜慶的面子及關說的裡子。立委賺到時間，省下很多立法的苦功夫。政黨賺到衝鋒陷陣的戰士。但台灣的民主賠慘了，因為立法院一年通過的法案數量只是南韓國會的三分之一，而且多半是單條的修正；多（少）數黨被扭曲成少（多）數黨，讓選舉都失去了意義；而立法院從「合議制」變成「準首長制」。

今天表面看來是學生癱瘓立法院，其實立法院在前述「逢中必反」、政黨惡鬥、密室協商、立委不必投票，及用肢體妨礙投票等陋習的摧殘下早就奄奄一息。較新的因素，如民進黨黨主席選前的權力角逐，以及馬總統與立法院「準首長」之間的鬥爭，只是讓它的病情更加沉重而已。

外部的共業呢？民主化二十年的台灣在國際社會眼中早已不是清純浪漫、可以期待的少女，而是自由雖然充分、但治理效能有限，偶爾還對外製造麻煩的地方。因此旁觀者的心情是複雜的。即以美國為例，有人認識到台灣牽制中國大陸的戰略價值。但也有人覺得大陸遠比台灣重要，不需要為台灣而損失美中合作的戰略利益。還有人深怕台灣混亂的民主不知何時又會再拖美國下水；言重的甚至唱出「棄台論」。現在各地烽煙四起，遠的有敘利亞、泰國、克里米亞；近的有北韓核武、日韓及日中爭執，南海主權糾紛。反而常年是「熱點」的台海呈現難得的「鬧中取靜」。這時台灣政局發生騷動，必然會損及台灣在國際社會的形象及地位。

在國際經濟上，如果服貿協議出爾反爾，國際社會將更不願意與一個「不可信賴的」台灣開展自由貿易談判。台灣經濟的競爭力將更受重傷，直接影響包括示威學生這一代的台灣民眾的福祉。更加諷刺的是，如果台灣在國際經濟的出路打不開，將來不可避免地將會更依賴大陸的經貿關係。也就是說，「反中」行為竟造成「親中」的效果。

再進一步說，就像沒有人會認為泰國現在的街頭抗爭代表泰國民主傲人的一面，今天我們學生占領立法院的行為也不可能被認為是台灣民主的深化。相反的，台灣民主可能更被視為「自由有餘、治理不足」的負面教材。台灣民主在大陸民眾眼中恐怕更加褪色。

既是「共業」，今天的僵局就不是哪個人或哪個黨可能單獨解決。單純的學生說不定給那些掌握公權力的「大人們」一個化危為機的良機，為了他們都聲稱深愛的台灣，首度攜手合作化解僵局，甚至改善我們的民主制度。不然歷史一定會記住今天為私利而躲在學生背後惡鬥的個人與政黨。

一〇三年三月二十三日・聯合報A14版

14「不知不覺」的台灣

如果不看、不聽、不知道台灣的一些大事，日子可以很好過。但不知道，行嗎？

就在台灣自滿於「民主化」及「小確幸」的同時，曾是四小龍之首的台灣經濟，已經不知不覺地連續十二年敬陪所有東亞國家的末座（僅稍領先日本）。相對於中國大陸的深化改革方案、日本的「安倍三箭」、南韓的自由貿易布局，甚至美國的「再工業化」，台灣的經濟好像已經喪失了大部分的前進動力。

同樣不知不覺地，早年「機會極大化，威脅極小化」的兩岸和解政策，面對在野黨及某些行政部會的「機會極小化，威脅極大化」的論述，已經步履維艱到幾大議題全都原地踏步。這是五年來第一次的僵局。

在外交上，台灣多數人可能不知道，我們下一個自由貿易協議恐怕必將陷入長期的等待。原因很簡單：美國及若干國家已經越來越把台灣看成「不可信任的談判對手」。將心比心，我們自己恐怕也不會喜歡談判的對象是一個時起府會紛爭，甚至談判結束後國會還要逐條再審的國家。因為這種醜話檯面上不容易聽到，所以大家不知不覺，自然也就沒有影響台灣酣熱的內鬥戲碼。

在國防上，且不提個別案件對國防及軍人士氣的打擊，僅如我國防部十月發表的白皮書所說，中共現已具備「封鎖台灣及奪占我外、離島能力」，對我遂行「大規模聯合火力打擊」，及以飛彈「拒止外軍介入」台海爭端的能力；並「規劃於二〇二〇年建置完成對台用武全面性作戰能力」。因此台灣的安全不能再視為當然。這點好像大家也不知不覺。

現在兩大浪潮已經緊緊壓迫到「不知不覺」的台灣眼前。第一是中國大陸的和平崛起。習近平接班後的種種作為顯示他是用「內外一盤棋」的方式在精心布局，主動出擊。我們很難想像他會坐等目前兩岸關係的僵局一直拖到兩年後台灣的總統大選才被動因應。將來北京會從它已經變得更大的工具箱裡取出更軟、還是更硬、還是有軟有硬的工具，應該值得我們高度關心。

第二，台灣的戰略大環境已經丕變。過去美中日大國關係相對緩和的時候，台灣還比較容易「和中友日親美」。現在「三大」關係越來越緊張，台灣「難為小」的困境就越突出。最近全球爭議焦點的釣魚台及南海問題都與台灣直接相關。台灣因此更受到三方面的擠壓。

在這個內部困頓、外部擠壓的新環境中，台灣要如何自處，如何維持台灣的安全及經濟發展並兼顧各方利益，需要非常深入的研究及細膩的操作。

令人憂慮的是，掌握最多資訊人才經驗的兩大政黨理論上最該「先知先覺」，最有責任讓台灣安度驚濤駭浪。但它們一面甘心被民粹綁架，一面又深陷政治惡鬥的泥淖，苦苦不能自拔，實在讓人看不出它們有因應變局的意志與準備。

執政的藍營內部雖沒有重大的政策歧見，但濃濃的個人恩怨與權力考量卻讓它好似一盤散沙，無力積極謀求良策，只在被動地等待「民意成熟」。在野的綠營內部既有政策歧見，也有派系與個人的恩怨情結。但由於沒有執政壓力，而對手又太弱勢，所以似乎也無意積極因應，只等將來上台後再謀對策。更糟的是，兩大黨之間還只有競爭，沒有合作。任憑各界一再呼籲兩黨和解，它們仍然無動於衷。

公權力的怠惰讓台灣面對當前重大的內外變局既不能奮起而鬥，也不能尊嚴地和。難道我們要在「小確幸」的安慰下，一起坐視台灣競爭力的衰退及民主光芒的黯淡？

一〇二年十二月十日・聯合報A4版

15 台灣需要再次脫胎換骨

台灣的處境一向很困難。六十年來差不多每二十年就得脫胎換骨一次，才讓自己在逆境中繼續前進。

第一次發生在七〇年代初期。當時全方位支撐台灣二十多年的美國為了「聯中制蘇（聯）」而驟然「棄台」。為挽狂瀾於既倒，蔣經國總統決定動用大量財力人力，把台灣經濟在最短時間衝上一層樓。這個成功的轉型創造了舉世聞名的經濟奇蹟，也讓台灣屹立不搖至今。

第二次脫胎換骨是九〇年代初期的民主化。前面二十年的快速經濟成長不可避免地帶動了社會多元化、思想自由化，及政治民主化的浪潮。新任總統的李登輝先生順勢推動民主改革。這也讓台灣在兩岸和平競爭的態勢上，相對於經濟「改革開放」剛起步的中國大陸，持續保有領先差距。

二十年後的今天，台灣民主明顯罹患了嚴重的民粹重症。首先，民粹讓我們集體向內看，渾然不知長達十二年（二〇〇〇至二〇一二）台灣的平均經濟成長不僅遠遠不如中國大陸，也落後於包括印度、越南、印尼、星、菲、馬、泰、韓等所有鄰近國家。

民粹還給部分民眾與政治菁英帶來「只要我喜歡，有什麼不可以」的錯覺，以為民主的台灣可以任意衝撞國際社會的紅線，而不必付出任何代價。

民粹更讓我們忘了反省自己的民主其實還有很大的改進空間。譬如：

為什麼台灣人人一張嘴，可以隨興發表高見，卻缺乏有效機制把這些不同意見整合成能夠解決問題的方案？

為什麼直接民選後的三位總統越來越受制於一時或一事的民調，而不是前瞻而宏觀地帶領國家的整體發展？

為什麼總統聲望探底的同時，其他公權力（如在野黨、立法院、媒體）的聲望也都低得難看，甚至不如總統？

為什麼在野黨不能提出解決方案，而只會讓問題更複雜難解？為什麼立法院鬥爭多而立法少？為什麼媒體只煽情而不傳播有用的資訊？

為什麼其他民主國家的政黨可以在競爭中合作，而我們藍綠卻相視如寇讎？

這許多為什麼讓台灣長期陷在「自由有餘、治理不足」的困境裡，政府機器一直在空轉，社會人才一直在流失，國家競爭力一直在衰退。

今天的台灣必須再次脫胎換骨，才能跳出當前民主治理的困境。不容諱言，今天馬總統的權力不如當年蔣李兩位總統那樣集中，所以脫胎換骨的難度會更高。但事不是不可為，也非試試不可，因為再空轉三年，台灣民粹恐怕只會更惡化，台灣民主很可能會由從前的模範生變成國際及大陸民眾心目中的負面教材。到那個時候任何人、任何黨執政，政績會更好嗎？贏了政權的人會不會反而輸了國家？

因此當前要務不應該只為經濟而拚經濟，反而應該要理順台灣內外的政治關係來救經濟。這個大工程需要許多人同心協力才可能有成。在台灣內部，朝野和解應該是頭等大事。有了它，再加上立院本身的變革，立法院或許更能為民謀利。行政部門可以全面主動檢討不合時宜的法令，不要等到下一個吳寶春才被動修改。媒體可以自我克制民粹傾向，擴大國人理性視野。這些改革只要啟動一項，就可能出現國內政治的良性循環。面對外在環境，朝野可以更積極探索任何具創意的安排，讓兩岸關係更安定，而我國際參與也更充分。

能夠這樣，民間信心上升自然會帶動投資與消費，經濟自然會好轉。脫胎換骨後的台灣也自然更能掌握自己的命運。

一〇二年六月四日．聯合報A19版

16 台灣民主的反思

一九九七年亞洲爆發金融危機前，韓國原來人均國民所得僅及我國三分之二；經過重創，慘然下跌至二分之一。記得當時的李總統在府內的應變會議上說，他估計韓國要花六年時間才能恢復到金融危機前的水準。當時滿座政要既驚訝又佩服他的遠見。七年後（二〇〇四）韓國的人均國民所得不只恢復當年水準，而且趕上台灣。現在更遙遙領先五千美元。

這其中固然有韓國如何力爭上游、值得欽佩的因素，但更重要的是我們要虛心檢討自己為什麼落後。

筆者以為，責任不集中在哪個人（如總統）、哪個機關，或哪個政黨。問題在台灣這二十幾年一直引以為傲的民主化實際上只完成了一半，也就是「自由化」；還沒有完成另一半，「制度化」。因為沒有「制度化」，所以台灣的頭腦被「自由化」沖得發燒的同時，軀殼仍然陷在半民主半戒嚴、半法治半人治的制度中舉步維艱。

由於中華民族有幾千年的專制傳統，政府遷台後又有幾十年的威權背景，所以台灣民主化工程才一啟動，自由化的浪潮就沛然莫之能禦。時至今日，個人的自由度與今天世界任何國家相比，只有過之，而無不及。但過度專注私領域的自由，讓我們忽略民主化其實還包括在公領域建立一整套適合內部民主化及外部全球化的新制度。坦白地說，今天我們的制度很像一輛拼裝車，民主與戒嚴法規雜陳，法治與人治習慣並存，另外添加台灣獨有的設計。這樣一個混亂的公領域一方面讓私領域的自由幾乎毫無節制地侵入公領域，一方面也給那些善於遊走灰色地帶的人士一個非常方便的操弄及舞弊空間。結果國家競爭力持續衰退，而弊案也層出不窮。

美國學者 Larry Diamond 在今年五月發表的「台灣民主發展」研究恰好反映了目前台灣民眾的矛盾心情。受訪者六四％肯定台灣的民主，高於一九九〇年的五四％，及一九九六年（第一次總統直選）的六〇％。但他們絕大多數否定現在的公權力機關。譬如，對立法院的信任度自二〇〇一至二〇一〇年一直只有一五％，政黨自一六％跌成一四％，報紙自三三％暴跌成二二％。這些數字比起當年的陳前總統及現在的馬總統，都好看不到哪裡去。稍好的法院也自四〇％跌成二九％。對公務機關信任度最高，但也從五二％跌成四八％。

公權力的問題在哪裡？本文將依序討論立法院、事務官、政務官、媒體、政黨及總統的角色。

立法院的權力理論上與行政部門相去不遠，但得到的公共關注卻遠遠不及。說得重一點，我們的立法院是現代民主國家中最不像正常國會的國會之一，因為它混合了戒嚴時期及民主化初期的設計，不能因應當前台灣內外大環境的需要。甚至也不能反映國內民眾的需求。近十年的政黨惡鬥更弱化了立法院的立法角色，讓它變成政黨角力的主要舞台。

根據筆者在立院三年及平時的觀察，立法院的問題罄竹難書。在此僅討論與公共政策較相關者。第一，它是全國最沒有效率的機關之一。陳前總統八年任內平均一年通過一百九十個法案。馬總統任內稍好，也只有兩百一十個。但南韓國會平均一年五百九十個。立法院的立法怠惰意味著許多不合時宜、封閉保守的法條繼續綑綁住政府與人民。

第二，大多數通過的法案是個別立委的提案，不是行政部門的提案。個別立委的提案多為單條或少數條文，鮮見完整版本的提案。至於行政部門的提案，即使是行政院優先法案，在絕大多數會期的通過比例，都不到一半。這表示：一、全國擁有最多資訊、最能關照全局、最該替人民做前瞻部署的行政部門也未盡全力提出破舊立新的完整法案，或修正條文，寧願自己與全民一起被舊法條綁住。二、執政黨黨團無力把重大法案推出立院叢林。三、立法院怠惰。

立法院的績效不彰固然部分因為它的立法資源（人事、經費、場所等）原本不足。但更重要的似乎是，它有一個全世界獨一無二的制度——「朝野協商」（正式法律用語為「黨團協商」）。別的國會即使進行朝野協商，也只會針對程序問題（如開議、休會、延會等），不會針對實質法案。但我國自一九九九年入法起，參與「朝野協商」的立法院院長及政黨代表就一直掌握大部分法案的生殺大權，其中任何一人都有法案的實質否決權。許多法案，尤其是個別立委的提案，常常沒有經過全體立委投票，甚至在他們不盡知情的情況下，在所謂「朝野協商」的密室中通過。最最特別的是，每個政黨，不論立委人數多寡，一律平等參與，都只有兩名代表。亦即，在立院一百一十三位立委中人數高達八十一（上屆）或六十四（本屆）位立委的國民黨，在密室中與總數只有三位委員的少數黨同等分量。這個扭曲多數決原則的「台灣特色」不但讓我們引以為傲的民主選舉失掉意義，還徹底閹割了多數黨的權力，而且提供多少不為人知的暗盤交易空間。有的法案可能因此沉睡好多年，有的卻幾十天就揚長過關。人數只有三位的黨團本只可能參與八個常設委員會之中的三個，但他們照樣可以決定其他五個委員會法案的生死。此外，因為黨團成立門檻低到只有三位立委，所以透過「母雞帶小雞」的期待，政黨協商制還可能牽動總統選舉，如今年大選。耐人尋味的是，占相對少數的民進黨在去年十一月底通過「國會改造」決議，要求廢除朝野協商；反而被閹割若干年的國民黨不動如山，似乎甘之如飴，寧可繼續背負多數黨立法不力的罪名。第四，「朝野協商」制的重大後遺症之一就是專業的常設委員會被架空，因為朝野協商可以將委員會審查中或根本未交付委員會審查的法案逕付二、三讀。立委在委員會上面紅耳赤地辯論，但真正的拍板常常是在煙霧瀰漫的朝野協商密室中做成。這讓許多有意積極立法的委員十分挫折。在正常民主國家，個別的法案主要都在常設委員會討論，其本身就是朝野協商，也是廣泛收集民意的基地。而這些委員會及委員本人也都依法擁有相當大的人事及經費資源，協助收集民意及立法。但在民主化後的台灣，不僅立委及委員會的立法資源貧乏，而且如某立委先進私下說的，「只有進入那個房間的，才算立法委員。否則只是委員」。這些沒有資源，不能實質立法，甚至不能投票的委員，當然只有把精力用來政治鬥爭或揭弊，藉製造聳動的新聞議題，來延續政治生命。這是惡性循環，因為它惡化立法院的社會形象，讓民眾更不願同意增加立院資源。

第五，就是由來已久的立院肢體抗爭。這在民主化初期已是國際笑話，但國人因為同情「自由化」所以多半忍受。想不到經過五次總統直選、政黨輪替再輪替後，同樣戲碼繼續上演。肢體抗爭不僅傷害立院尊嚴及政黨形象，而且嚴重妨礙民主制度的運行。

立法院的這些問題讓民眾對它的信任度持續低迷。未來台灣民主的深化必須包括立法院的正常化改革，讓它回歸正常國會應有的立法本職，為國家與民眾興利，而不是從事政黨鬥爭或揭弊。

我國公務機關就像任何國家一樣，是社會穩定的重大力量，也因此一直贏得相當的尊敬。民主化後台灣公務機關在公權力中得到的肯定也最高。但它的問題是，它仍然以管理為主要使命，而忽略要與時推進，不斷創新，讓國家因應民主化及全球化的快速變化。我們的公務員雖然人才濟濟，但平時案牘勞形，本就不易創新。而公務機關的管理取向又讓它特別不重視研發。大多數機關根本沒有自己的研發部門，也沒有外建的智庫，有研究部門的多半聊備一格，常常透過所謂的委託研究來吸取外界觀點。據了解，某部會首長最近詢問在座部屬，「誰曾經把任何委託研究報告從頭看到尾」，結果竟然沒有人舉手。相對的，南韓政府二十四個部會，每個都有好幾個外建智庫（如外交通商部有四個，國防部有三個，統一院有兩個）承擔研究政策議題，檢討新舊法案，對民間及國外溝通，與其他智庫交流等等功能。我國行政部門不重視研發，就表示這些創新與接軌的重大功能多半落空。

民主化前，公務人員只要奉公守法，服從命令，就可平安度日。民主化後，他們發現立法院、監察院、檢、警、調隨時都可能找麻煩。據悉有個重要部會曾經高達四十幾位官員同時接受各種調查。不僅如此，旁邊還有虎視眈眈的媒體及在野黨不時出擊，讓他們手忙腳亂。此外，政黨惡鬥也讓公務人員心生畏懼，深怕不小心遭到池魚之殃。

筆者近十幾年曾經兩次進出行政機關，深感它的老舊體質及惡質化的公領域，讓現在各級奉公守法的公務人員比第一次政黨輪替前更加奉行「多做多錯，少做少錯，不做不錯」。本來應為民興利的公務人員現在首先想到的常常是如何自保，尤其主管人事與會計者更是如此。這樣做儘管無可厚非，但如果遇到特別膽小者，嚴格要求「只有法規許可才可以做」，而不是「只要法規沒有禁止就可以做」，拿掉了所有的灰色地帶，很多事就變得寸步難行。此時如果相關法規恰好又是前述不合時宜且遲遲未能修改的陳年舊規，民間被綁得更死。

能夠推動這些公務員前進，並在灰色地帶營造興革空間的是政務官。但政務官在我國制度中一向人數極少。即使在行政院組織改造後，多數部會只有一正二副首長三人，少數（如陸委會）有四人。這在威權時期不是問題，但在民主時期要靠這幾個人推動整個機器前進，就非常困難。更何況政務官能夠動員及激勵部屬的手段其實極其有限。他們對積極能幹有貢獻的同仁，少有獎勵的方法；對消極敷衍不做事的同仁，少有處罰的手段，甚至考績不得不照給甲等。此外，我國文官制度分官設職，鮮有彈性。許多國家依任務輕重，授權主管可以暫時彈性編組，讓較不忙的單位支援吃緊的單位。但在我國經常看到忙的單位或人永遠在忙，還不一定有獎勵，而閒的單位或人永遠在閒，還照領同等薪水。這些限制讓政務官或執政黨很難依照新的執政理念推動政務。新官與舊人經過一陣磨合，最後常常回歸舊軌，大家「相親相愛，白頭偕老」。只是國家競爭力又折損許多。政務官來源的問題更大。為了防弊，民主化後的台灣針對政務官添加了很多新的設計。新的政務官，一要公布財產；二要自認過得了立法院的「十八銅人陣」；三要不怕媒體的聲光熱；四要接受相對偏低的待遇；五要忍耐自己及親屬在兩岸交往上的限制；六要接受卸任後的旋轉門。單純基於防弊考量，這六道門檻每個都有絕對的道理。但疊在一起，就讓我們政務官的成分與其他民主國家大不相同。別的國家政務官絕大多數來自民間各行各業，無論社會聲望、管理經驗、創新能力都屬佼佼者。但台灣的社會菁英面對這六大門檻，絕大多數望而卻步。最後只剩本來就在火坑的資深文官（約占馬政府的一半），本來就不在乎待遇、不在意批評、又略有理想主義的學者（約四分之一），以及極少數的社會菁英願意跳火坑。前兩者在戒嚴時期一直是政務官主力。換句話說，我國的民主化並沒有讓民間人才大量注入政府，反而讓政務官更難做事。

今天「官不聊生」的原因之一是大眾媒體。在我國民主化的過程中，媒體曾經扮演非常重要且正面的角色，可說功不可沒。但演變至今，媒體已經不是一般民主國家的「第四權」，而根本就是「第一權」。曾有媒體高層私下說，「任何政策，不管做得多或少，如果沒有媒體報導，就等於沒做」。如所周知，陳前總統與馬總統都高度重視媒體效應。包括總統府在內的政府機關每天清晨第一件事就是集會研討當天及前一天的媒體報導。各級首長花在回應媒體（包括撰寫新聞稿）的時間多得超乎一般想像。立法委員的每一個動作也都先考量它的媒體效果。此外，媒體的民意調查也是威力無窮，因為它對政策或人事的衝擊常常不是「散彈槍式」，而是「狙擊槍式」。當然，生產及解釋民調的人也就走路有風。這些情形讓媒體不再只是「觀察者」，而是「參與者」。任何政壇人士都要小心拿捏他與媒體的相處分寸。善舞者因此如魚得水；拘謹者避之唯恐不及；至於那些業務不適合常與媒體互動的單位就只好經常滿嘴黃蓮，有苦說不出。

十幾年下來，今天台灣媒體已經走到評論家王健壯所說「極端化、民粹化、弱智化」的地步。這顯示我們的「自由化」可能已經破頂。它的反效果甚至衝擊到媒體本身。媒體之間的相互攻訐，媒體與社會團體的紛爭，以及媒體財務吃緊，都時有所聞。為求競爭，它們更走偏鋒，更譁眾取寵，形成另一個惡性循環。最大的倒楣鬼當然還是民主化初期媒體一再高呼有「知的權利」的民眾。

政黨在其他民主先進國家，可以破也可以立，可能競爭也可能合作。但在民主化後的台灣，好像只有破、沒有立，只有競爭、沒有合作。國民黨與民進黨都是如此。這就讓台灣永遠有將近一半的人在扯後腿，國家社會如何進步？不管藍綠分裂的社會根源及歷史情結多麼言之成理，放在台灣本錢雄厚的時期，還勉強可以理解；但放在台灣處境日益艱困的今天，卻不可原諒。這個分裂已讓台灣的政治徹底拖垮經濟；讓台灣不能扭轉內部人才與資金流失的困局；不能有效因應美國及歐債的危機。也讓台灣完全沒有面臨中國大陸及亞太新局的準備。

再仔細地看，兩黨分裂至此地步更加不可原諒，因為它們之間的政策差異，與歐美國家的左右意識形態、宗教、種族、經濟主張差異相比，其實非常之小。在今年總統大選前，也就是不知鹿死誰手時，「台北論壇」已經邀集了十幾位不同黨派的學者，其中一半曾任李、陳或馬政府的政務官。他們分別針對經濟、兩岸、外交、國防等四大議題進行好幾個月的腦力激盪，並提出政策建言。其中最重要的共識就是：跨黨派合作是當前救台灣的最大要務。此外，朝野對外交、國防及經濟政策的看法其實共識超高。即使對大陸政策的歧見也十分有限，而且多半集中在統獨問題上，甚至可以說只是「統獨的想像」上。經過十幾年的大幅震盪及五次大選，台灣內部主流民意始終堅持「維持現狀」，而不是「台灣獨立」，而對岸也持續強調「和平發展」，而不是「和平統一」。換句話說，短期內統獨都不是雙方可行的選項。既如此，兩大黨領導階層今天居然允許這個未來的、帶點宗教信仰意味的統獨爭議繼續綁架我國當前的、而且影響許多民眾現實生活的大陸政策，並讓它滲透到爭議極小的其他政策領域，甚至造成全國性的分裂僵局而不惜，其中政黨與政治人物自私的權力考量著實耐人思量。

民主國家總統的權力當然遠不如獨裁者，因為它既分散，又被制衡，所以政績固然不能獨享，責任也不必單挑。換句話說，今天台灣民主政治的病態，包括「自由化有餘，制度化不足」的成因以及「治理不善」的結果，總統之外的上述五個公權力機關都有不容迴避的責任。但不可諱言，總統推動「制度化」的權力仍然相對較大，因為除了媒體之外，他可以直接領導其中的政務官、事務官及自己的政黨，同時間接影響立法院。今天既然前述五個公權力各有重大缺失，還相互掣肘，放眼全國，最有資格也最有能力打破現有死結的還是只有總統。

可惜在民主化後的中華民國，我們看到最被期待替台灣進行內部民主轉型的總統，全力衝擊他最不擅長的兩岸及外交領域；另一位最被期待替台灣建立外部宏觀的穩定環境的總統，卻長期深陷國內微觀事務的泥淖中。他們背後看不見的恐怕都是「自由化」破頂以後產生的民粹力量，以及他們自甘被綁架甚至主動迎合民粹的政治動機。既如此，「治理」當然亂了章法，經濟當然停滯，民怨當然排山倒海。如果未來幾年我國制度仍然封閉如昔，僵硬如昔，任何當總統的人再戮力從公，也不過是「籠裡的松鼠」，跑了半天，仍在原地。

筆者以為，台灣目前的頹勢已經不是個別政策的修修補補可以挽救，因為台灣現在的病源存在於更深層的制度，而且是在生產所有公共政策的六大公權力機關。所以台灣今天應該像九〇年代末期的南韓一樣進行大規模的全面翻修。

同樣有威權背景的台韓在九〇年代初並列亞洲四小龍，還同時經歷政治民主化與經濟自由化的轉型。但一九九七年亞洲金融風暴重創韓國經濟，不僅逼迫首爾向國際貨幣基金求救，民間還捐出金飾共濟時艱。韓國痛定思痛，開始大幅翻修國內體制，一方面全力整頓銀行體系，強迫財團進行結構改造，一方面通過許多重大法案，全面革新政府體系。更重要的是，這些改革並沒有因為政黨輪替而中斷。短短十年，韓國不但重整旗鼓，而且後來居上，躍居國際能見度極高的中等國家。

同時期的台灣沒有經歷類似南韓的醍醐灌頂，所以不曾具有它的政府、政黨與人民一致而強烈的危機意識。在中國大陸快速崛起的強大壓力下，李陳馬政府又刻意專注於「自由化」以凸顯台灣民主的優越性，相對就更忽略了制度變革的關鍵性。延宕至今，全面翻修現在的拼裝車已有絕對的迫切性與必要性。國內，台灣的政治紛亂與經濟停滯已經長達十年以上。眼下經濟成長的三個火車頭（國內外投資、出口、消費）幾乎全已熄火或正在熄火。許多國人對大環境的悲觀幾乎已到「無言」的程度。國外，美國與中國大陸都在進行權力的新舊交替。兩強對彼此關係、對各自的對台政策很快都會有新的思考。同時民族主義浪潮正席捲東北亞及東南亞，而且已經點燃了好幾處的主權領土紛爭。台海雖然至今未成風暴中心，但不可能長期置身事外。如果我們只滿足於「愛台灣」的口號，或繼續勇於內鬥，怯於因應，恐怕很快就會發現自己被徹底邊緣化，甚至變成民主化的負面教材。

這個大翻修牽涉前述六大公權力機關，一個都不能少。總統當然要發揮只有他才擁有的權力，從他的獨特高度，推動制度性改弦更張；讓更多社會菁英願意進政府為民服務；讓政務官能夠且敢於領導、敢於創新、敢於為政策辯護；讓事務官能夠免於恐懼，主動積極為民興利。立法院必須進行全面改造，自己重生，也通過大量立法幫助台灣脫胎換骨、再創繁榮。媒體也應自覺，並切實負起任何文明社會內任何有權力的人或機關都應有的社會責任。政黨更應檢討自己對台灣長期發展，甚至存亡的重責大任。筆者相信，這個工程雖然極其龐大而艱難，但只要任何機關啟動，民眾信心就會逐漸恢復，一方面直接刺激投資、出口、消費等三個火車頭，一方面在六大機關間相互刺激，形成良性循環。

當然台灣也可以選擇逃避，繼續安於現狀，得過且過，一面自豪台灣的自由與美麗，一面相互指責自私與無能。鄰近的日本也與台灣一樣沒有危機感，所以連續二十多年的經濟低迷及社會老化，仍然凝聚不出足夠能量促使政治領導大幅革新。但台灣終究不是日本。台灣沒有日本雄厚的經濟與科技基礎，也沒有堅定不移的美日同盟。它能不能再停滯十年，老化十年，而仍然安定繁榮，恐怕大有疑問。

關鍵時刻，必須做關鍵的事。現在應該是有公權力的人做關鍵選擇的時刻。他們的選擇將決定台灣的未來。

一〇一年九月六日・台北論壇

17 民國百年，「興利」元年

慶祝中華民國一百年，除了歡慶活動外，也應該嚴肅思考我們國家當前的處境以及應有的新作為。

一百歲的中華民國其實一直活得很辛苦。它在苦難中誕生，脆弱得幾乎夭折，接著在內憂外患的環境中掙扎成長；然後在極端惡劣的條件下光復台灣、保衛台灣、建設台灣；最近二十年又完成中華民族第一次的民主化大工程。

這原本是中華民國歷來成就的最高潮，也是台灣民眾最值得驕傲的時刻。但轉瞬間一切就變了。

曾經高呼「生命共同體」的人卻帶頭撕裂社會、切割族群。曾經標舉「有夢最美、希望相隨」的人最後因為貪腐而身陷牢獄。在對岸快速崛起的同時，台灣內部的惡鬥已經把它分裂到似乎沒有一個政治符號（國號、國旗、國歌等）或人物，能夠成為全國團結的象徵。

站在這個新起點，我們要讓這狀況持續到何年何月？問題的關鍵在哪裡？

筆者以為，除了一般熟悉的政黨惡鬥因素外，主要關鍵有二。一是心態，二是制度。

因為民主化就等於權力與資源的重分配，所以許多國人的心態就變得重「分配」、輕「生產」；重「討好」、輕「求好」；重「做人」、輕「做事」。在扁政府的腐化過程中，國人更加重「防弊」、輕「興利」。在制度上，由於民主化以前行政權獨大，所以民主化以後基於「防弊」心態，一方面極力壓制行政權，擴張立法權及監察權，一方面又放大第四權（即媒體）以行全面監督。

新心態、新制度、政黨惡鬥，三者相加相乘十幾年的結果是：第一，台灣人才濟濟，但越來越少社會菁英願意獻身政府服務，除非他或她甘願而且自信能夠跨過五道高門檻：公布財產、立法院的銅人陣、媒體的聲光熱、兩岸交往的限制，以及偏低的待遇。這五道門檻使求才若渴的馬政府上台迄今經常碰壁。最後，敢於連過五關的事務官轉任政務官者幾占全部政務官的一半，四分之一強是學者，四分之一弱才是社會其他賢達。在外界變化如此快速、競爭如此激烈的大環境下，我國政務官來源如此窄化，絕非國家社稷之福。

第二，由於政務官人數稀少，主要推動公務的仍是事務官。但今天的事務官除了受到政務官同等的監督外，心理上還要額外擔心政黨輪替的後果，及圖利他人的指控，行動上又受到出國及赴大陸的限制。結果他們自然更傾向「防弊」而非「興利」，少做少錯，不做不錯。碰到法令的灰色地帶，他們也很自然地採取從嚴解釋，以求自保。諸多改革當然因此會打折扣。

第三，立法院「朝野協商」的制度讓穩居絕對多數的國民黨成為「實質少數」。結果國民黨不但在立法院失去執政最重要的夥伴，還要背負執政不力的罵名。而不能參與協商立法的委員只有轉而問政及論政，而非協助執政。

第四，媒體蓬勃開放是台灣經濟奇蹟及民主化的一大功臣。但幾年下來，媒體越來越只看國內，不看國外；看小，不看大；看消息面，忽略基本面；看羶色腥，忽視要聞要事。換句話說，它過去的「興利」角色已經嚴重弱化。

第五，惡劣的國內大環境讓過去活躍的民間團體日趨疲軟，經費捉襟見肘，不再能發揮過去啟迪民智、蔚為風潮的作用。

這些民主化的後遺症不應該再繼續摧殘台灣的老百姓、削弱國力。民國一百年應該是終點，也是起點。它終結了扁政府的濫權及腐敗，也應該啟動各行各業從「防弊」向「興利」的思想轉換。我們更希望兩大政黨能夠下定決心揮別過去損人不利己的惡鬥，藉總統大選及立委改選的機會，比賽提出「興利」的方案供全民選擇。

能夠這樣，民國一百年才真的燦爛。

九九年十二月三十一日．聯合報A4版

18 台灣的歷史與地理

放眼今天的世界，絕大多數的國家早就跳出二戰及冷戰的歷史陰影而找到新的定位。但台灣的政治與思維卻似乎一直被沉重的歷史觀壓得喘不過氣。

筆者最近在史丹福大學的胡佛研究所客座研究期間，抽空去翻閱近年解密的老蔣總統日記。在這長達五十幾年的上千萬字日記中，我只選擇性地讀了幾年，但所閱讀的每一篇，老蔣總統都在鉛印的月日底下用毛筆工整地寫下「雪恥」兩字。這是他的歷史，也是籠罩台灣幾十年的「反共」悲情史觀。

隨著中國大陸內部情勢及兩岸關係的變化，台灣的「反共」史觀漸漸消退，取而代之的是同樣充滿悲情的「反中」史觀。這個史觀主張，台灣歷經外來政權統治，民主化後理所當然應由所謂本土政權當家作主，對外力抗隔岸的「中國」，對內排斥其他政黨及族群。馬政府雖已執政兩年，這個史觀在台灣威力猶存，不僅綠營繼續炒作「賣台」及「傷害主權」論調，部分藍營黨政人士好像也怯於論戰，拱手交出話語權。

這兩種史觀有個共同點，那就是利用仇恨與恐懼，對內壓制，對外對抗，讓台灣的內外關係始終處在緊張狀態。

在二十一世紀的今天，這兩種史觀都過時了，都有嚴重的盲點，更不利於台灣的未來。當然兩者都有各自悲情的權利。但周遭的鄰國，誰沒有？第二次世界大戰期間，中國大陸死傷三千五百萬、日本五百萬、朝鮮半島三十五萬、菲律賓一百萬、法屬印度支那兩百萬、印尼四百萬人，而台灣則有三萬人。接下來的韓戰及越戰給韓越帶來更多的傷亡，卻給了台灣安全與經濟繁榮的契機。如果這些飽經劫難的國家都能陸續擺脫歷史陰影，創造新的未來，台灣為什麼要一直自陷於悲情，不斷自己嚇自己？

更重要的，困在歷史陷阱的台灣常常忘了：決定它前途的不是歷史，而是地理。而台灣的地理位置其實賦予它很多獨特的優勢。台灣位在太平洋西側，既是海洋文明進入大陸文明的門戶，也是大陸文明與海洋文明接軌的橋梁。論海運，它扼守海線交通要道。論空運，它到亞洲所有主要城市距離的總和，短於任何其他城市間的總和。換句話說，台灣是東亞交通的最佳樞紐。

此外，世界前三名的經濟大國（美國、中國大陸、日本）都與台灣鄰近或親近。唯一同樣享有地理便利的南韓卻不如台灣這樣掌握中、英、日語的優勢。

如果台灣能夠充分利用這些天賜地緣，並與這些國家交好，台灣的長期安全與繁榮幾可篤定。如果台灣堅持與其中一國對抗，以當前實力對比，後果可想而知。

更何況，歷史的台灣必然是分裂的台灣，而地理的台灣卻可以是團結的台灣。

過去這兩年馬政府兩岸與外交政策的大換軌，已給這個新布局打下了一定的基礎。展望未來，世局的演變絕對比過去還要快速。意識形態早已消失。新的科技不斷穿透主權的界線。新的理念不斷推翻舊的思想。新的議題不斷挑戰各國政府的因應能力。今天沒有一個國家或政府有能力單獨解決這些新問題。

所以台灣絕不能繼續封閉在舊的歷史觀中。台灣必須走出歷史，拋棄悲情，利用自己的地理優勢，在新的東亞大環境中創造新的生存價值。

這才是真正的愛台灣。

九九年九月二日・聯合報A4版

19　總統直選制度對兩岸關係的影響

總統直選符合民主原則，把台灣的民主化往前推進了一大步。但二十年的實踐也暴露了幾個大問題，尤其在兩岸關係上。

問題根源：權力超大、責任超輕、領先就贏。

問題根源有三，其中兩個與修憲後的總統權力設計有關，另一個與直選制度的設計有關。二十年前中華民國總統的權力雖大，仍受到行政院長及國民大會的牽制。他對人的領導與事的指揮，常常是透過黨主席的身分才能貫徹。幾次修憲後，總統的權力大幅擴張。行政院長淪為總統的幕僚長，而國民大會更走入歷史，不復存在。黨主席的身分也不再必要。國民兩黨都曾有總統不兼黨主席的先例。一九九六年以後的「總統直選」更給大幅擴權的總統添加更大更亮的政治及道德光芒，使得他（她）的地位遠遠凌駕於其他政治人物之上。

不誇張地說，今天中華民國總統的權力不只超過內閣制（如英日）的首相，甚至超過實施總統制的美國總統。如所周知，內閣制的首相身兼國會議員，不論人事、預算、政策，都受到其他政黨的牽制，即使同黨議員都隨時虎視眈眈，準備取而代之，因此首相本人很難恣意妄為，必須經常全方位協調。美國的總統制則是建立在三權既分立又制衡，而地方政府又高度自治的基礎上。白宮主人的人事權、預算權、締約權、戰爭權雖然都大於內閣制的首相，但他的這些權力都受到國會參眾兩院及司法部門經常且巨大的掣肘。所以行政立法的協調也是每天的必要功課。

在台灣，我們的總統幸運得多。他（她）可以隨意任命行政院長及部次長，並掌握全部的軍事及外交大權，不受任何節制。表面上我們像西方國家一樣是三權或五權分立，但行政以外的幾權不但先天不足，而且後天失調，對總統的制衡非常有限。我們甚至常常看到總統假借某種名義，蠢蠢欲動想要掌控其他幾權。如果安倍首相，或川普總統知道台灣最高首長的權力如此之大，恐怕都會羨慕不已。從這個意義上看，台灣直選總統以後的制度，尤其是經過二十年的實踐證明，大概只能用「大總統制」來形容。

更讓外國領袖忌妒的是，我們的總統不但權力超大，而且責任超輕。選民對他（她）唯一的節制就是四年一次的總統大選。在長達四年的任期內，總統不需要像內閣制的首相經常需到國會去報告並與國會議員辯論，也不需要像美國總統那樣常常召開記者會，針對重大法案、重大政策、重大事件或外國元首訪問，向媒體及民眾說明並回答質疑。換句話說，我們的總統具有元首崇高的權威，也有最高行政首長的權力，卻完全可以躲起來從幕後操縱全國政策，不必面對立法院、媒體及民眾的監督。這在全球民主國家中，即使不是獨一無二，也極為罕見。

至於直選制度，現行的設計是「領先就贏」，不需要得票超過投票人的半數，更不需要像歐洲有的國家那樣的兩次投票。這就使得台灣的總統大選競爭變得像「百米賽跑」，參選人爭先恐後，只贏幾票也是贏。這就使得政黨間只有競爭與猜忌，沒有任何協調或合作。倘若贏者以不及半數的少數票或以極些微的差距獲勝，敗者不可能口服心服。台灣二十年政壇充滿冤冤相報的戾氣，拖垮原本蓬勃發展的經濟，這個制度理應負起一定的責任。

影響一：助長民粹、惡化民主

這三因素對兩岸關係產生了以下五個衝擊。第一，中華民國總統既然是全台灣最大的「爽缺」。多少英雄豪傑十年磨一劍，都為了逐鹿總統大選，以便贏者全拿，連爽四年。過去二十年我們看到總統大選手段越來越辛辣，連參與者自己都不諱言進行「割喉戰」，偶爾甚至還出現名揚國際、史無前例的難看手段，只為了贏得選舉。可見贏者全拿的果實是多麼甜蜜。

為了勝選，最價廉物美的手段就是炒作民粹。很多人會問，台灣一沒有西方社會的大量外來移民，二沒有像歐美那麼嚴重的貧富差距，三沒有宗教衝突，四沒有種族對抗，五沒有震撼人心的恐怖事件，為什麼台灣會民粹當道，而且出現得遠早於當前歐美的民粹？民粹的根源到底在哪裡？筆者的淺見是，我們的民粹很大部分是人為的。因為「大總統制」使得總統職位無比誘人。為了勝選，而且只需領先一丁點就可以贏，那麼充滿情緒及議題張力的兩岸關係當然是最好的炒作題材。所以過去六次總統直選，兩岸關係每次都在競選過程中占據關鍵位置，從來沒有缺席或弱化。一次又一次的大選，各方操作兩岸議題的手法也越來越熟練，操作的人幾乎上癮，完全不顧選戰言行對台灣內部安定或選後兩岸關係的傷害，也完全不顧這種民粹已經讓台灣的民主化背上惡名。台灣常以民主化而感到驕傲，但曾幾何時許多外國朋友及越來越多的大陸民眾都對台灣的民粹亂象大搖其頭，甚至看成負面教材。換句話說，我們在兩岸及國際社會中的道德形象已經因為民粹而嚴重受傷。

影響二：沒有「台灣共識」及「兩岸共識」

連帶的，正因為大選爭奪太過激烈，參選各方常常徹底撕破臉，選後當然很難平心靜氣面對彼此，更談不上攜手合作共建台灣的未來。輸的一方永遠在想如何打贏下次的選戰，而贏的一方就專注想如何永遠執政下去。這種激烈爭奪就把原本國內的「人民內部的矛盾」，變成「敵我的矛盾」。筆者敢斷言，其嚴重的程度甚至超過今天美國的藍（民主黨）紅（共和黨）的鴻溝。

反映在兩岸關係上，沒有藍綠和解，當然就不可能有「台灣共識」。一九九八年筆者曾應邀出席民進黨第一次的中國政策研討會。作為唯一國民黨籍的參與人，筆者向民進黨建議「三步走」。一，在民進黨內部先凝聚黨內的兩岸共識；二，進一步與國民黨協調出「台灣共識」；三，兩岸設法協商出雙方均能接受的「兩岸共識」。迄今這三步可說一步也沒有跨出去。其中「台灣共識」的無蹤無影，恰好旁證了台灣近二十年的藍綠分裂是多麼嚴重。既然「台灣共識」不存在，當然也不可能透過兩岸協商產生「兩岸共識」。兩岸和平安定自然十分脆弱。

影響三：民粹綁架政策彈性

贏了大選的人就真的能夠隨心所欲了嗎？也不見得。民粹的弔詭是，利用民粹的人反過來也被民粹綁架。今天兩岸關係如此緊張，東亞局勢日益加溫，朝鮮半島一日數變，而一向保護台灣的美國越來越自顧不暇，反而海峽對岸的中國大陸繼續維持它多年的高度經濟成長、政治穩定，與戰略定力。面對此一新局，包括安倍的日本與文在寅的南韓在內的幾乎所有東亞國家都採取最保險的「避險」（hedging）政策。也就是說，不在美中之間絕對的選邊站，大致安全依靠美國、經濟連結中國大陸。唯一的例外就是台灣，一面倒地親美日、遠中國。為什麼？難道台灣自覺實力已經大到、或勇氣已經十足到可以不見棺材不流淚的地步？筆者相信，除了若干意識形態強烈的人士外，執政黨內部多的是能夠務實審時度勢的高手。但他們不幸被自己成功營造出來的民粹氛圍所綁架，而失掉了適度調整政策的彈性。更不幸的是，整個台灣都被綁架，還必須承擔後果。

影響四：恣意妄為的總統

此外，總統在兩岸關係上可以恣意妄為，不受國內任何力量的節制。最好的例子就是

「兩國論」、「正名」、「制憲」、「公投」、「入聯」等。當時在野黨即使占到立法院多數，也無能阻擋這些地動山搖的新政策的推行。它們後來胎死腹中，不是中華民國的制度或台灣的民主化發揮了制衡的作用，而是外部的兩個大國赤裸裸地出手干預。

類似的災難如在國外發生，許多人會開始從制度面反省改進。譬如美國從甘迺迪時期就一步步被拖進越戰的泥淖，十幾年戰事讓美國筋疲力盡。為避免美國再度被總統乾綱獨斷在未經國會授權的情況下拖進類似的困境，就在一九七三年通過《戰爭權力法》，規定總統可以應急短期出兵，但如超過九十天就必須獲得國會的明示授權。反觀台灣，地動山搖後，不曾在制度面做出任何檢討及防止總統濫權的補強設計。台灣民眾高度自傲於民主化，也享受可以直選總統帶來的滿足感。但他們選出新總統後「由他（她）玩四年」的消極放縱態度，卻很可能讓台灣再度歷經驚心動魄的衝擊。

影響五：不透明、言行不一的總統

總統在攸關國家命運及前途的兩岸關係上，可以「說一套、做一套」，是「大總統制」產生的另一結果。任何人都可看出，冷戰時期的台灣是「可以說（統一），不能做」，而現在則是「可以做（獨立），不能說」。筆者曾稱此為台灣的「精神分裂」病態。今天台灣的言與行不僅分離，而且分離到大家見怪不怪的程度，放眼今天的民主國家，恐怕是只此一家，別無分號。

一般民主國家都會要求政府施政必須透明（transparency）、負責（accountability）。所以總統（或首相）必須經常面對國會及媒體的質問；他們的政策及行政措施必須有一套明確的、前後一致的、完整而相互呼應的說法支撐。尤其在類似兩岸關係這樣的重大政策，絕對不可能用幾句模糊語言、幾個文件就蒙混過去。但台灣的「大總統制」並不要求透明，也不要求負責。總統絕大部分時間都可以神隱。他（她）每年只有幾個固定場合需要講話（如元旦、國慶、就職紀念日等）；他（她）還可以任意取消這個講話。其他時間他（她）完全不須去立法院備詢，也不必召開記者會說明他（她）的政策或理念。他（她）還有完全的自由選擇他（她）想出席的場合及時間。任何人（包括記者）想要近身，或在某個場合「巧遇」都極度困難。

這個「說一套、做一套」的奇特現象，在兩岸關係甚至整體對外關係上，自然產生了「不透明」的後果；「不透明」就造成猜忌；而猜忌就容易招致反制。受傷的又是我們的國家利益。目前猜忌最嚴重的當然是對岸的中國大陸。隨著兩岸心結的加深，關係日益緊張，將來爆發衝突的可能性只會上升，不會降低。其次就是國內民眾。總統的支持者基於「默契」，不會刻意深究總統為何言行不一。但絕大多數的非支持者心懷猜忌，絕非台灣之福。人類歷史上極少出現小國對抗大國最後能夠順利勝出的例子。如果小國內部自己還嚴重分裂，小國還能倖存者幾希矣！

結語

平心靜氣地說，總統直選本身不是罪惡；它是民主化的好事。但它「領先就贏」的設計助長了惡意競爭，產生少數可能凌駕多數的後果。更大的問題是權大責任輕的「大總統制」。「總統直選」與「大總統制」配套在一起，不幸就扭曲了民主，創造了獨裁，還衝擊了內部的安定團結及兩岸的安全穩定。

我們設想，如果「總統直選」不是領先就贏，而是設有一定的當選門檻；再如果今天總統只是總統，不是「大總統」，必須領受各種國內力量的牽制；他（她）當選後不是贏者全拿，而是彼此共享；他（她）必須扛起與權力相對等的責任，經常面對立法院、媒體、民眾的質詢。如能這樣，大選競爭還會割喉割到斷？各黨會否彼此多點忍讓？「敵我矛盾」會否轉回成「人民內部的矛盾」？同時預留了選後兩岸和平相處的空間？

或許值得大家思考。

一〇六年九月二十四日
「總統直選與民主台灣」學術研討會
台灣研究基金會主辦

台灣選舉

01 台灣大選的外部因素

在藍綠同時上演高潮迭起的初選大戲時，一齣外部干預台灣大選的「武俠片」也正等著搬上銀幕。這不是第一次，但它的衝擊絕對比過去任何一次更重、更直接、更多樣化。

以前最大的干預來源是對岸的中國大陸。美國通常是善意的旁觀者，只在中共兩次軍事動員時派出航母以為震懾。大陸出手最重的首推一九九六年的「文攻武嚇」。二〇〇〇年，中共吸取教訓，只「文攻」而不「武嚇」。二〇〇四年連宋配看似必勝，就不再「文攻」或「武嚇」。二〇〇八年因擔心類似「三一九槍擊案」的意外重演，北京雖不「文攻」，卻默默「武備」以防民進黨僥倖勝選時武力解決。二〇一二及一六年，中共實力大增，信心也大增，所以也沒有「文攻武嚇」。現在離明年一月的投票日雖還有段時日，但以下四個外部變化必使這次大選出現截然不同的面貌。

第一，自民主化以來台灣對外力干預一直避之唯恐不及；但現在的蔡總統似乎毫不掩飾地把外力拉進我們的大選。譬如她的參選聲明竟然不向國內民眾宣布，而是在美國的ＣＮＮ發表。她最近刻意延後民進黨的黨內初選，也有可能是靜待美國因素發酵，讓她在這個領域的絕對優勢能夠助她一臂之力。

去年九月川普為了把焦點從「通俄門」轉移，曾經指控中共也介入美國的上次大選。國土安全部隨後表示中共確曾試圖影響美國「輿論」，卻沒有證據顯示它曾影響「選舉」。但蔡政府很快打蛇隨棍上，不但把九合一選舉失利歸咎於中共介入，立委蕭美琴最近甚至到華府呼籲美台應合作新的「政治作戰」以抵抗中共的「政治滲透」。

第二，華府對台灣大選的態度已從過去的「善意旁觀」向「積極警戒」轉變，雖然還沒有像它在委內瑞拉（支持挑戰者）及以色列（承認戈蘭高地主權）那樣到「直接介入」的程度。然而華府政學媒界普遍的「拒中」心態已使他們越來越接近「親美反中」的民進黨，而疏遠「親美和中」的國民黨。其中部分也因為國民黨這兩年自己放棄長期友好的對美關係，讓美國聽不到台灣另一半聲音。

因為偏聽，美國就輕易相信蔡總統「維持現狀」的空洞宣示，而無視民進黨幾乎全面推翻馬前總統時期兩岸談判與交往的事實。

因為偏聽，美國也幾乎無視蔡政府假「轉型正義」之名，力圖全面掌控權力機構甚至民間團體的反民主事實；大選在即竟連立場亟需中立的中選會都不放過。

因為偏聽，美國更無視蔡總統才上任一年支持度就掉到且一直盤旋在三〇％上下，沒有好轉。他們與蔡本人好像都沒有認知到，蔡低迷的主因是她讓民眾失去了基本的安全感與幸福感，而不是中共的干擾。

這一連串的偏聽造成美國立場的偏頗，且導致它對九合一選舉結果的誤判。

第三，由於美中在台海軍事實力對比的改變，中共對美國軍事介入的戒懼似已大幅降低。日前中共戰機穿越海峽中線，及後來二十四架軍機及五艘軍艦在台灣附近演訓，都是向美台展示，它的海空軍不僅可以比美國軍艦來得容易，來得快，而且數量可以多到幾乎飽和台海及台灣島的上空。

第四也最微妙的就是台灣民眾態度的轉變。過去台灣民眾一直排斥中共的文攻武嚇，但蔡政府罔顧國人的安全及經濟困境，只顧掌權及拉美抗中，使民眾對中共介入的反彈不如過去強烈。原本「親美」的國人發現華府只把「反中」視為「親美」，而不承認「和中」也可以「親美」後，也開始對美國產生疏離感與不信任感。主要綠媒最近哀嘆美國在台影響力已經「出現了詭譎的轉變」，連美國「前官員罕見地一再讚聲」都救不了高雄選情。

這四大變化（民進黨引進外力、美國偏聽偏袒、中共力大膽大、民眾對美中印象改變），個個都是前所未見。年底藍綠刀光劍影，這四箭再齊發，將如何衝擊大選效果實難預估。看來真的只有「天佑台灣」了！

一〇八年四月二十八日・聯合報A12版

02 二〇一九——高度風險的一年

台灣的大選年從來就不安寧，內部經常「割喉割到斷」，外部還曾有兩次重大的戰爭風險。第一次是許多人記憶猶新的一九九五、九六年的飛彈危機。被李前總統訪美激怒的北京當局先在九五年七月向台灣外海試射飛彈，接著舉行多次實彈演習，最後在九六年三月選前在對岸集結十五萬大軍並再度試射飛彈。美國則派出兩艘航母戰鬥群前來保台。

第二次則是二〇〇八年「馬蕭配」對「謝蘇配」的選戰。時任國防部長的蔡明憲在回憶錄中說，當時美台情報都顯示大陸已經進入備戰狀態；如果民進黨勝選，「他們就可能要動手」。根據《華盛頓時報》事後報導，美國當時派出三艘航母巡弋台灣海域以確保無事。

與上次危機不同的是，執政的民進黨不僅把這些軍事動態完全祕而不宣，甚至還散布「假新聞」說，中共即將主辦北京奧運，又珍惜「戰略機遇期」，所以絕對不會犯台。一無所悉的馬蕭陣營因此正常進行選舉活動，全民也繼續享受小確幸。還好無辜的選民最後用選票救了自己，台灣終免一劫。

今年與二〇〇四及〇八相同的是，由於執政績效不佳，民進黨的連任前景必將艱困，必須靠政績以外的訴求才能勝選。因此「台灣民族主義」（即理性反中、感性否認自己為中國人）極可能是唯一的靈丹妙藥。在當前美中競爭的大格局下，打「美國牌」更是勢所必然。最近不惜冒天下之大不韙把「口譯哥」派到華府，以確保祕密溝通無礙，更透露「棋手」的意圖與堅定意志。

但今年美國與中國大陸的角色都已變遷。美國長期是台灣安全的「保護者」，與兩岸關係的「管理者」。近年隨著美中在東亞軍力對比的不利變化，美國的「保護」與「管理」發生了三個質變。第一，在兩岸之間美國越來越向台灣傾斜。這主要基於美國對中國大陸快速崛起的高度焦慮，深怕不久的將來其全球領導地位會被取代。而台灣的「親美反中」，有別於其他東亞國家的兩邊不得罪，自然得到許多美國政策菁英的同情。

第二，在國、民兩黨之間，過去一向堅守中立的美國也出現微妙的變化。這主要是因為民進黨這幾年在美國進行了大量宣傳，而國民黨卻放棄對美工作，任由民進黨壟斷對美關係。希望打「台灣牌」的美國友人當然更會覺得民進黨當政比較順手。

第三卻也抵消前兩項效應的是，美國的成本觀已大大不同。過去兩次危機中，美國的軍力優勢使它「保護」與「管理」都游刃有餘。但現在美國一則備多力分，長年征戰導致兵疲馬困，二則商人出身的川普總統最喜計較成本，只吵架而不打架，甚至還要擺脫未竟全功的現有戰爭。我們很難想像他會願意開闢新戰場，尤其要對抗一個台海軍力已與美國並駕齊驅、還享有主場優勢的核子大國。

既然美國心有餘而力不足，相信連反中鷹派都不會樂見兩強兵戎相見。但在武力手段之外，如用「美國國內法」或「民主」等漂亮名目打出幾張讓北京跳腳的「台灣牌」，不必付出什麼實質代價卻能滿足反中情緒，何樂而不為？在台灣大選年，這些牌雖只像放煙火，改變不了美台基本關係，卻足以影響大選結果。

這時當然就是考驗北京（尤其是習近平）的重大時刻。中國大陸既已崛起，難道習近平的反應會比當年國力不如人時的江澤民與胡錦濤更軟弱？台灣問題燒起來後，難道大陸民間不會發燒？以中華復興為己任的習願意忍受民進黨衝擊甚至伴隨他進入下一任？他會不會藉美國自顧不暇的哪個空檔與美國攤牌，一勞永逸地解決台灣問題？或不攤牌卻用「交易」方式達到類似目的？

台灣當然再度被推進和戰關頭。台灣民眾要允許自己被一人一黨之私帶入非死即傷，或被交易的險境？台灣真的要重回冷戰時期，一面倒向美國，並對大陸繼續「不接觸、不談判、不妥協」？還是應該尋找更務實的處世之道？

最重要的，既然不再像二〇〇八那樣被執政黨完全蒙在鼓裡，台灣人民要如何自救？這些都是今年不能迴避的難題。

一〇八年一月二十日・聯合報A12版

03 假如「美國牌」加上「台灣牌」

「九合一」選舉當晚，蔡總統表示「要深刻檢討……回應國民的期待」。第二天筆者誠懇呼籲她利用選民所搭的下台階，把她的兩岸政策做個漂亮的轉身。幾天後在大陸參加某論壇時，我也公開建議北京在她轉身後盡快做出善意回應，以啟動兩岸新一輪的良性循環。可惜從蔡總統接見美國訪賓的談話及其他跡象看來，這個期待大概落空了。台灣未來的十三個月可能因此相當顛簸。

明年是總統大選的發燒年。蔡總統不可能願意只做一任總統，所以她有不能輸的巨大壓力。但現在形勢一則民意嚴重背離，二則台灣民眾經過「錄音帶」、「走路工」、「正名制憲」，及最經典「槍擊案」的淬鍊，已對許多奧步免疫，故勝選須靠新的奇招。最可能的就是用李前總統一九九五年康乃爾訪問的手段，實現陳前總統二〇〇四年的驚險連任。

當年李登輝用「鄉村包圍城市」的策略，發動美國國會、輿論，及民間團體向不甚情願的行政部門強力施壓才完成外交突破。現在美國政壇土壤遠比當年肥沃，一方面瀰漫對中國大陸的不滿情緒，一方面還有個經過大量換血，對九五年台海危機毫無記憶，卻對台灣「活力民主」充滿幻想的國會。行政部門雖然比較審慎，但目前難得有好幾位友台人士占據要津。在美中競爭的大環境下他們不無可能半推半就地打「台灣牌」，以達到壓制中共的目的。

更重要的，打「美國牌」的台灣棋手已經默默布局多年，而且到了「青出於藍（李登輝）更甚於藍」的地步。首先，由於這幾年國民黨主動放棄國際舞台的耕耘，所以國際輿論對台灣的認識幾乎完全仰賴蔡政府的片面說詞與英文的《台北時報》。再加上，國際人士一向多用戰略眼光看台灣，所以只要蔡政府不像當年陳水扁那樣衝撞，他們就感到滿意，根本不太關注蔡政府的「去中國化」及台灣民間的哀鴻遍野。

在這個有利的氛圍下，蔡政府仿效當年李登輝，高價聘僱多個公關公司密集進行遊說工作，並把民進黨黨工直接納入駐美代表處，站上對美工作的第一線。蔡還在華府成立「全球台灣研究中心」，致力拉攏美國政學菁英。兩年餘已辦了三個年度論壇，二十餘次每月研討會，還由台北的文化部贊助多項藝文展演。「統戰」能量之高前所未見。

台僑也被全力動員頻繁出入國會山莊。自稱為「《台灣旅行法》幕後推手」的「台灣人公共事務會」（FAPA）人員撰文透露，在該法通過前，「超過一百位台美人由全美各地趕來美國首府，在一天之內拜訪過超過一百間參眾議員的國會辦公室」。今年二月蔡總統特別透過視訊感謝「台灣同鄉會兄弟姊妹打拚的功勞」。上個月她再度以視訊謝謝他們在「美國國會通過很多對台灣很重要的法案……的大力幫忙」。

所謂「養兵千日，用在一時」，這個布局明年動起來後可以炒作的題目非常多。已經曝光的有美艦停泊太平島、軍艦互訪、聯合軍演、駐美代表處正名等等。

尚未曝光且最可能實現的是，以《台灣旅行法》為依據，在蔡總統「自然」過境美國時大張旗鼓，以製造美國支持蔡總統連任的印象。明年六月我國僅存的最大邦交國瓜地馬拉將舉行總統大選，隨後的總統就職典禮正好提供一個過境美國的機會。倘若瓜國不幸與我斷交，就用「悲情」轉請美國友人另闢表演舞台。

「美國牌」與「台灣牌」一旦結合，台海凶險頓將升高。中共屆時絕不可能像九五年那樣任由美國航母貼近台灣，或只打幾枚「啞巴彈」就收手。如處理不當，兩強甚至可能就台灣問題攤牌。台灣或許以為促進美台關係無傷大雅，實際卻成為美中衝突的導火線，當然也是最大的受害者。即使不到這極端，兩張牌的相互激盪亦足以讓台灣大半年高燒不退，經濟持續停滯。

目前台灣仍在休養生息。明年刀光劍影一開始，勢將與太平洋的雷電交加，台灣海峽的烏雲密布，及美國的怒氣衝天，交匯出一幅罕見而嚴峻的大氣圖像。當然我們仍衷心希望一切只是杞人憂天。

一〇七年十二月九日・聯合報A12版

04 台灣選舉的境外因素

希臘的國會選舉即將在這個月底舉行，一般估計可能促使希臘退出歐元區的激進左派聯盟終會勝出。一月初，德國的《明鏡週刊》引用親近德國政府人士的話說，如果希臘新政府要出走，德國將不再勉強挽留，乾脆放手讓希臘退出。消息放出才幾天，該聯盟就軟化既有立場，歐元區危機得以緩解。

講白了，這是一個民主國家在干預另一個主權國家的民主選舉。不合法？不道德？但它還是發生了。原因很簡單：決定國際關係的從來不是國際法，或國際組織，更不是抽象的道德（像民主價值），而是實力對比。即使論民意，也是大國的民意重於小國的民意。而決定國家對外行為的主要因素一直都是國家利益、實力對比及意志強弱等三項。

在大部分的情況下，一般國家不會隨意去干預別國的選舉。但如果別國選舉可能對本國國家利益造成不利的影響，就可能出手干預。干預手法是細膩還是粗糙是另一回事，但干預本身卻沒有任何國際法或國際組織可以制止。很不幸的，我們的總統大選就是那種極可能牽動他國利益的選舉，而受到最直接衝擊的就是中國大陸與美國。

讓我們一起看看近二十年中華民國總統大選的實例。一九九六年，北京對李前總統的康乃爾訪問餘怒未消，但受限於軍事實力，除了發動大量文字攻擊外，勉力朝著台灣外海發射幾枚後來被李譏笑為「啞巴彈」的短程飛彈，並在沿海集結大軍。美國高調派遣兩組航母艦群前來馳援，才化解了中共的「文攻武嚇」。

二〇〇〇年的大選中，北京對李前總統的兩國論怒不可遏，但因實力仍然不足，不願重蹈四年前覆轍，所以只由總理朱鎔基出面用威脅口吻向台灣喊話。這是「文攻而不武嚇」。

二〇〇四年大選前，中共軍經實力已有大幅提升，美中兩軍也已開始進行將領交流及艦隊互訪的活動。美國還公開反對陳前總統的「公投綁大選」。更重要的，連宋配持續領先，而陳呂配的選情窘狀百出。較自信的中共於是既不文攻，也不武嚇。為了化解美國的反對，陳前總統在選前最後階段批准延宕多年的數千億台幣的對美軍購案，才讓華府對公投的態度從搖頭轉成點頭。

二〇〇四年底的立委選舉本來只是地方選舉，但如民進黨獲勝，則陳前總統的「制憲」與「正名」將更加虎虎生風，勢必挑動兩岸最敏感的神經。此時恰是美國自己的大選熱季，兩岸的風吹草動絕對會影響小布希的連任機會。所以美國正副國務卿公開放出罕見的重話，「台灣不是獨立的，不是享有主權的國家」及「《台灣關係法》沒有規定我們必須防衛台灣」，直接戳破台灣部分人長期的主張及信仰。反而中共仍然不文攻也不武嚇。

二〇〇八年大選前，台海軍力對比已開始傾斜，但因馬總統勝券在握，於是中共表面完全不動聲色，不文攻、不武嚇，改採「武備」。根據時任國防部長蔡明憲的回憶，「中國已進入備戰狀態。如果民進黨候選人謝長廷當選，而且兩個公投案過關，他們就可能動手」。美國方面則靜靜派出三組航母艦群巡弋台灣四周海域，以為防範。

二〇一二年，中共仍然按兵不動。歐巴馬政府則由不具名的「資深官員」透過英國的《金融時報》公開傳達華府對民進黨候選人蔡英文訪美後總結的印象：「她讓我們明顯懷疑她是否有意願及能力繼續維持近幾年兩岸關係的穩定。」這次德國對希臘的操作手法與此先例頗為神似。

這些實例證明，第一，美中干預台灣大選是原則，不是例外；是常態，不是偶然。第二，美中干預的方向可能互斥，也可能互補。第三，干預的主體、方向、形式、手段、明暗及輕重，均因時間不同而有差異。第四，差異的主因則是美中兩國在當時各自如何盤算自己的國家利益、又如何評估它們之間的實力對比及意志對比。

過去六年多的安定大局讓台灣民眾非常習慣「小確幸」的生活與思維，而忽略了「大確幸」的重要性。從上述歷史軌跡看，即將到來的總統大選很可能會再度提醒我們：現在享受的「大確幸」其實是多麼脆弱，多麼得之不易。

一〇四年一月二十三日・中國時報A14版

台灣安全

01 台灣新風險——四海＋四獨

蔡政府及民進黨對最近香港動亂的反應，顯示他們似乎關心明年勝選，遠超過台灣的新戰略風險。

台灣是個海島，位在東亞的正中心，也是相關國家對外交通必經要地，所以特別容易受大環境變化影響。過去四十年東亞發展以經濟為主軸，台灣因距各國最近，所以很容易沾光。譬如，越戰時台灣成為美軍補給的生產工廠；日本經濟「雁行」展翅，自然帶動台灣成長；大陸改革開放，台灣又再上層樓。台灣的軟實力，諸如開放善良性格、豐富靈活創意、精通中英日語等，都在這大環境中找到發揮利基。

不幸這種好日子已結束。近幾年東亞主軸已明顯從經濟轉向軍事，合作轉成鬥爭，安定轉成動盪。相關例子不勝枚舉。美中改「交往」為「競爭」，打貿易戰、科技戰。美國退出中程導彈條約，希望在東亞部署中程飛彈以壓制中共。北韓多次試射飛彈。日韓從歷史吵到經濟甚至軍事。中共與俄國空軍聯合闖入日韓傳統空域。香港動亂持續數月不止。北京在南海部署足以涵蓋幾乎全南海的防空飛彈及反艦飛彈，還在柬埔寨興建軍事基地。印度與巴基斯坦為克什米爾吵得不可開交。中共機艦多次繞台，甚至深入海峽中線此側且停留。多國機艦也頻頻穿越台灣海峽等等。

主軸轉成軍事後，別國看台灣眼光也變了。過去台灣是整個面的中心點，現在卻是一條線或一道牆的中間點。這道被稱為「第一島鏈」的牆，自韓半島沿著日本群島、琉球、台灣，到菲律賓群島。牆裡面的人不想讓牆外的人進來，牆外的人也不希望裡面的人出去。位居最中間的台灣自然變成兵家必爭要地。其中北京對台灣的重視又超過華府，因為美國畢竟布局全球，對台灣鞭長難及。但對北京，台灣除近在咫尺的戰略價值，還有更大也是美國缺乏的歷史與民族情感，以及由此衍生的內政意涵。

最重要的，台灣恰是美中競爭焦點的「四海」與北京四大軟肋（即「四獨」）的交匯點。四海指的是自北而南的黃海、東海、台海，與南海。四獨指的是台獨、港獨、藏獨，與疆獨。

過去七十年，四海波濤此起彼伏，但多半有此無彼，從未四海同時大風大浪，相關大國較容易管理。自一九七五年越戰結束，到二〇〇〇年台海再生波，四海維持長達二十五年和平安定，使得區域內國家得以加緊經濟建設。

不幸二〇一六年起，四海竟前所未見地同時風雲變色。有的海狂風暴雨、波浪沖天；有的海烏雲蔽日、風雨欲來；有的海看似平靜，實則暗流洶湧。偏偏過去擔負管理重責的美中兩強，因忙著貿易戰中止行之有年的「戰略對話」。蔡政府與北京溝通也中斷。因此，四海紛爭在最需要管理時，竟被放任漂流。

值此詭譎多變時刻，台灣能夠顧好自己，力求台海風平浪靜，不被兩強操弄成籌碼，也不與其他三海風暴連結，已是萬幸。沒想到蔡政府竟還大膽伸手，把原專屬北京的四獨問題攬到身上。

民進黨及其外圍組織若隱若現地介入香港動亂，一直是半公開祕密。今年香港七一遊行當天，民進黨祕書長羅文嘉還與香港眾志祕書長黃之鋒視訊連線對談。三月台灣民主基金會在台北召開「印太地區保衛宗教自由公民社會對話」國際會議。多位西藏與新疆境外組織負責人應邀前來。七月民進黨祕書長羅文嘉又親赴印度拜會達賴喇嘛，邀請他訪問台灣，並宣稱雙方已建立直接聯繫管道。

這些作為顯示「辣台妹」為了連任，已不惜把她的大陸政策，從防守性的「維持現狀」變成進攻性「改變現狀」，而且還直攻北京軟肋。如果北京鷹派要求提早解決「台灣問題」以求一勞永逸，也不必意外。

大環境如此動盪，台灣實宜趨吉避凶，明哲保身，絕不應在四海風雨未歇之際，再加碼攬動四獨。否則惹火上身，後悔莫及。

一〇八年九月十五日・聯合報A12版

02 像一九四九的二〇一九

近幾年筆者對台灣大環境的研判始終非常悲觀。從各種跡象看來，今年下半年起至明春的情勢還可能嚴峻到等同一九四九年的程度。那年毛澤東積極準備大舉渡海，結束內戰。次年韓戰意外爆發才讓台灣免於戰火浩劫。

七十年後的今天，幾個必要條件不幸竟然全部到位。第一，蔡總統這幾年的表現讓人對她的「台獨」立場不再有絲毫懷疑。她口頭宣稱「維持現狀」，實際卻在政治、經濟、文化、乃至血統上全面中斷或削弱兩岸的連結。她對外宣稱民主，對內卻獨霸擅權，改造權力機構，打擊異己與在野黨，為長期「一黨專政」做好準備。她還率東亞各國之先，一面倒向美國，全力迎合美國節制北京的新政策。這三年蔡總統忙著反中與權鬥，迄今竟不曾留下一丁點「拚經濟」的痕跡。

下半年選戰加熱，政績乏善可陳的蔡總統必定以「辣台妹」之姿主打「反中」。如果勝選，就代表她「實質台獨」及「一黨專政」得到台灣民眾的肯定。接下來北京會不會做出「和平統一絕望」的結論？全黨全國對習近平的壓力會多大？他願不願被指責為丟掉台灣的歷史罪人？答案將決定北京對台採用「長痛」還是「短痛」療法。

另一關鍵就是，新的蔡政府會不會把台灣在美中大棋盤的角色，從長年「追求台海穩定」的守勢，轉向「制約中共」的攻勢。過去負責美國政策規劃的前國防部副助理部長一個月前撰文，建議把第一島鏈轉型為阻絕中共跨入西太平洋的堡壘。做法包括從台灣向大陸本土軍事基地發動海陸空的攻擊，以給遠處的美軍更大的時間及空間餘裕。若然，北京毫無選擇，幾乎必然出手教訓台灣。

第二，年底的北京除了用武動機充分外，能力也已十足。筆者曾多次撰文提醒國人，美國不同智庫早已警告，中共「圍點打援」的能力已經強大到美國航母不敢在戰時接近台灣一千海里。那是美國航母艦載機最大作戰半徑的兩倍。六月美國國防部發表眾所矚目的《印太策略報告》時，首度以官方身分承認，中共可能利用它在台海戰爭初期的局部優勢，迅速在台灣造成新的「既成事實」（fait accompli），讓美國不能或不願投入更大資源以扭轉此一新事實。

曾在歐巴馬及川普的國防部擔任三年副部長的沃克（Robert Work）也在六月撰文說，「美國很可能打不贏中共。那些懷疑者只需看看國防部這些年幾次大規模兵棋推演的結果，就知道除非我們改變規劃與作戰觀念，美軍將會敗在共軍手下」。

第三，實際動作。解放軍曾經針對台灣大選兩次強力動員。一次是一九九六年大張旗鼓的「文攻武嚇」。當時中共力不如人，明顯在虛張聲勢。另一次是二〇〇八馬謝之爭時，馬雖大幅領先，中共軍力雖略遜美軍，但仍咬牙備戰以便民進黨萬一連任就犯台。當時民共兩黨都把這個危機狀況祕而不宣，台灣民眾與在野黨因此毫無所悉。

從今年台灣選情及最新美中軍力對比來估計，解放軍強力動員的可能性高達八、九成。屆時變數有：消息會不會釋放，由哪方面釋放，掌握情資的民進黨如何操弄選情，以及同樣知情的美國所扮演的角色。可憐的在野黨仍將處於被動。

最近蔡總統違反民主常理，無顧萬夫所指，堅持任命長年隸屬民進黨的李進勇主持理應嚴守中立的中選會，就透露她也預知今年大選必然伴隨罕見的國安危機。中選會這步棋可以讓她從總統府操作：選情有利就照常進行，選情不利就援引一九七九年因與美國斷交而中止選舉，也可以在選後片面宣布「選舉」或「當選」是有效還是無效。她提前「綠化」了的大法官會議，屆時當然會支持她的任何決定。

所以明年大選是蔡英文精心部署的一場豪賭。因此在野黨不宜只用過去「藍綠」或「藍綠白」的角度，或「經濟」的角度看待它，而要考慮誰能更好處理國安危機，保護台灣安全。沒有安全，哪能有錢？

值此非常時刻，台灣需要一個兼具「鐵漢」與「柔情」特質的候選人，才能不畏凶險並以同理心帶領台灣蒼生面對生死存亡的挑戰。

一〇八年七月七日・聯合報A12版

03 美國會來救嗎？（上）

倘若中共對台動武真從「不是選項」變成「選項之一」，美國因素將立成要害。國人普遍關切，曾在一九九六年馳援台灣的美國航母還會再來嗎？答案既要從當前的美國實力與戰略裡搜尋，也要深入探討台海的特殊情境。

二戰後的美國毫無疑問是世界第一超強，經濟總量幾乎等同其他國家的總和。自有人類以來，地球上不曾出現過這麼富強的國家。

如此睥睨全球的美國理所當然地主導國際政治、意識形態、經貿及金融事務，並且很自然地扮演起「世界警察」的角色，不僅協助民主國家抵抗來自蘇聯、中共及其代理人的威脅，也常常介入別國的內政，以確保該國的安定或忠貞度。維基百科列舉美國在二戰後參與過七十六次大小流血戰爭。美國國會研究處統計超過兩百次。學者更算出將近四百次之多。不論如何，絕對遠遠超過其他國家的動武次數。

蘇聯崩潰以後，「贏了冷戰」的美國並沒有減少武力介入，反而因為更有自信而採取更擴張的政策，激起的反作用也更大。首先，獨霸全球的「結構自信」讓美國一方面主導北約東擴，壓縮前蘇聯的勢力範圍；一方面企圖藉由「交往政策」及台灣的民主示範，促使中國大陸「和平演變」為民主社會。不料北約東擴刺激了俄國的全力反抗，而「交往」則幫助了中國大陸的經濟騰飛。

其次，篤信民主優越性的「制度自信」，讓美國相信可以透過「顏色革命」把完全缺乏民主根基的中東、非洲，及中亞的威權國家拉進「第三波民主化」。結果不僅大部分這些國家陷入長期動亂，美國本土還遭到兩百年來第一次的恐怖攻擊。

最後，率先邁入高科技化、太空化、匿蹤化的「軍事自信」，讓美國毫無顧忌地踏進阿富汗與伊拉克的沙漠，結果贏了戰爭，輸了政治，到今天還沒能脫身。

幾世紀霸權興衰的歷史告訴我們，衰落的關鍵大致有幾。其中最重要的是，霸權國必須經常「獎」「懲」別國以維持霸主地位，而長期的「獎」與「懲」必然大量消耗霸權的國力，最終導致衰落。

今天的美國似乎再度印證了這個歷史的大數據。第一，美國的軍力在甘迺迪總統初期強大到可以同時打贏「兩又半個戰爭」，也就是同時擊敗蘇共、中共及某區域對手（如北韓或北越）。冷戰結束後，大國衝突不再可能，美國的目標就縮成「兩個區域大戰」，如北韓及伊拉克。根據最親近川普總統的傳統基金會的研究，近幾年美國軍力由於預算不足及備多力分，已經吃緊到僅能應付「一個區域大戰」。

該項研究還把美軍各軍種戰力分成「很強」、「強」、「邊際」、「弱」及「很弱」等五大類來評比。它的結論是整體戰力自二〇一六年至今，已從「邊際」滑向「弱」。去年美國十艘航母吃緊到有一整個星期竟沒有任何一艘在全球海上巡弋，是二戰後第一次。去年居然還發生好幾起美軍軍艦撞上商船的事件，造成若干官兵傷亡，也是二戰後第一次。

第二，美國的財力耗損，縱使不計韓戰、越戰及其他百多戰事，僅僅在阿富汗與伊拉克已經分別累積到八千四百億與七千七百億美元的天文數字，平均每星期各燒掉十億美元。同時期的中國大陸快馬加鞭，把經濟總量翻了好幾倍，既超日又趕美。

第三，拖了十七年的阿富汗戰事與十五年的伊拉克戰事，耗費了上兆美元及三百萬兵次，直到今天還在歹戲拖棚。連出生於阿富汗戰爭第一年的男丁都能入伍了，戰爭的盡頭還看不到。難怪許多美國民眾雖然認為美國仍須介入國際事務，但對戰爭的態度卻越來越審慎。

川普總統任內作為，諸如大砍援外預算（即少「獎」），只罵人而不打人（即少「懲」），貿易戰不問敵友只問逆差大小等等，都顯示他看到了美國衰落的根源，而且抓住了美國人民當下的心情：獨霸自信的失落，固本培元的願望，利己而非利他的對外關係。

了解了美國怎樣看自己、看世界，才能探討它怎樣看待台海衝突。

一〇七年十月七日・聯合報A12版

04 美國會來救嗎？（下）

美國出兵援台的決策必然涉及兩個層次。一是政治決策，二是軍事專業的判斷。政治決策前必然會聽取軍事判斷。決策後又由軍事部門來執行。

一九九六年美國派出兩個航母戰鬥群來台灣外海時，政治上正處於前文所說「結構自信」、「制度自信」、「軍事自信」的最高點；軍事上美國航母可以自由進出全世界任何角落。所以華府決策時，心中毫無罣礙。

但明後年的政軍情勢完全不一樣。軍事上美軍有三個重大疑慮。第一，美中在台海的軍力對比已向中共傾斜。美國權威國防智庫蘭德公司三年前就建議航母不要在戰時進入離岸一千浬（保守估計）的西太平洋。去年十二月它的最新研究更首次直陳，「美軍可能在下次戰爭中敗給中共……我國必須加油」。

或許正因如此，已連續調查美國民眾對外交態度四十多年的芝加哥全球事務協會，在五天前公布的最新報告中指出，美國民眾最不樂見的兩大戰爭就是必須對上中共的台海及釣魚台。

第二，中國大陸與台灣近在咫尺，而美國卻遠在天邊。這表示，一，大陸可以結合陸基及海空軍力一起「圍點打援」，而美國卻只能依靠孤懸海上的航母與脆弱到在「開戰初期就可能被癱瘓幾週」的海外基地。

二，美國駐太平洋的航母主力放在加州的聖地牙哥。有鑑於北京動手必定採取突襲方式，措手不及的美國只能調集一小部分的航母，而它們必須先備妥人馬糧草彈藥，並長途跋涉幾天甚至兩星期才能趕到台灣外海。屆時以逸待勞且戰鬥意志較高的解放軍自然擁有較大勝算。這就是為什麼中共對台作戰一直強調「快打速決」或「首戰即決戰」，目的就是要快速造成新的既成事實，讓美國難以翻轉。

第三，美軍在高科技化及實施募兵以後，對兵員傷亡特別重視。相對於越戰近六萬的死亡人數，阿伊兩戰迄今總共陣亡六千多人，還不到全美一年死於車禍人數的兩成。前總統歐巴馬針對敘利亞化學武器鄭重畫下「紅線」，後來該國使用化武，他卻不予制裁。川普總統嘲笑歐巴馬自食其言，但也只對敘利亞發射飛彈，不派地面部隊。顯見兩人都非常顧慮美軍傷亡。

筆者曾單刀直入問一位退休航母艦長，美國會不會再來救台灣。他答覆，「你知道嗎？一艘航母被擊沉，死亡人數等於一個珍珠港加上一個九一一」。這正是用慘重的美軍傷亡來暗示對援台的高度疑慮。何況很多美國友人認為台灣自己都不肯熱血保台，美國何必犧牲自己的子弟兵？

面對這麼高的軍事風險，華府的政治決策一定痛苦、漫長並反覆。本文篇幅有限不易詳述，可以確定的是，一端會有人主張傳統的馳援選項；一端也會有人（如中情局主管情勢研判的某前副局長）警告美國不要掉落當年日俄戰爭時帝俄艦隊在對馬海峽遭殲的下場。一邊有人強調台灣對美國的價值；一邊有人根本不在意台灣，如川普自二〇〇九年至今發過三萬五千多條推特，只有四條提到台灣，遠不如菲律賓的十七次或越南的二十五次。

如果把上述美國必須面對的風險，放進前文所述的美國基本心態（自信受挫、固本培元、利己而不利他）中考量，我們對「美國會不會來救」的答案，還能一廂情願嗎？

一〇七年十月八日・聯合報A13版

05 中共對台動武的可能性？（上）

自從兩岸關係及美中關係的緊張程度不斷螺旋上升以後，筆者就常被私下問到「中共打不打」與「美國救不救」。雖然迄今包括筆者在內的大多數觀察家都不認為短期內北京會選擇「武統」，但完全迴避這問題也不應該。筆者共分四篇分別探討這兩個「大哉問」的過去與未來。過去雖已過去，但對了解現在及未來仍有極大參考價值。

先談中共過去的動武行為。自一九四九年起，中共直接參與的大小流血作戰共有十次。依序為一九五〇爆發的韓戰及援越抗法作戰、五四及五八的台海外島作戰、六二的中印邊界之戰、六五開始的援越抗美作戰、六九的中蘇珍寶島戰役、七四的中越西沙之戰、七九的懲越戰爭及八八的中越南沙之戰。

只涉及武力使用卻未實際動武的例子有：一九九五年的中菲美濟礁事件、九五與九六的台海飛彈危機、二〇〇一年的南海中美撞機事件，以及近幾年不時發生的釣魚台、南海島礁及機艦繞台事件。

這些案例有幾個特色。第一，就時間而言，流血作戰都發生在冷戰期間。蘇聯垮台以後，北京就不再派兵打仗，專心從事經濟建設，改用危機管理的方式來處理各種狀況。

第二，就地點而言，所有動武或危機的發生地都在中國大陸的周邊而沒有越界太遠。

第三，沒有一次作戰是著眼於擴張共產主義。中共與同為共產政權的越南反而曾經多次衝突。所以行為根源是國家利益，不是意識形態。

第四，如果涉及主權、領土或國家安全，即使大陸內部處境多麼困難，或必須付出沉重代價，也在所不惜。例子很多，譬如，韓戰時中共才剛建國，百廢待舉，仍然決定出兵，不懼絕對優勢的美軍。突襲珍寶島時，文革正如火如荼進行，國內政軍經全部亂成一團，而壓境的蘇聯百萬大軍也擁有絕對優勢，但中共依然出手。一九七九懲越時，解放軍剛走出文革亂局，戰鬥力極度薄弱，面對身經百戰、以逸待勞的越軍，明知己方必將傷亡慘重，仍然動手。

第五，大多數案例均不宣而戰，採取突襲的方式，讓對方措手不及，並承受重大損失。韓戰、台海、中印、中蘇、中越、南海等等都是如此。

第六，雖是突襲，但突襲前一定會向對手多次發出嚴厲的警告，呼籲「懸崖勒馬」、「不要玩火自焚」、「絕不坐視」、「是可忍，孰不可忍」等等。

第七，達到戰略目的後立即見好就收，不再糾纏。譬如，韓戰、中印邊界之戰、懲越戰爭時，中共軍隊雖曾進入敵境，但戰後若干時間均全數撤出。

簡言之，過去幾十年中共的武力使用是防衛性的，以有限的軍事手段在有限的時間內達到有限的政治目的，不求占領，事後也不干預對方內政。但遇到主權、領土及國家安全爭議時，它的立場卻十分堅定，常常不惜代價，在對方不聽警告後，驟然出手教訓。

近年廣受矚目的南海爭議也提供很好的佐證。一般以為北京最早開始在南海占領了最多的島礁。事實上，最早開始占領南海島礁的是菲律賓，一九七八年起共占了十二個。越南起步稍晚（一九八二），卻占了最多（三十三）。馬來西亞自一九八三年起占了九個。中共出手最晚，遲自一九八八年才開始占領十個。但它後發先至，占領後立即大舉填海造陸，把其中三個從原僅零點幾平方公里的島礁擴建成將近三至六平方公里不等的大型基地，遠超過零點五平方公里的太平島。但它至今不曾搶奪別國已占的島礁。

這種防衛、有限、後發制人的行為模式當然有助於維持台海穩定與台灣安全。有人曾用非常簡潔的幾句話來歸納：「打不打看台灣，真打假打看美國，大打小打看北京」。意思是，只要台灣不搞台獨，大陸就不會打；如果美國真介入，美中就會真的衝突；如果美國虛晃一招，雙方就演場假戲；至於戰爭規模的大小就是北京而不是台北的選擇了。

這幾句話在蔣李陳馬總統任內完全成立。但兩年前蔡政府全面執政後情勢丕變，試在下文略作分析。

一〇七年九月二日・聯合報A12版

06 中共對台動武的可能性？（下）

如果「打不打看台灣，真打假打看美國，大打小打看北京」是過去幾十年中共對台動武的指導原則，它還適用於今天的台海嗎？答案是：很大程度內依然適用。但看到這兩年台灣、大陸、美國的巨幅「量變」，我們不得不憂慮「質變」出現的可能性。

其中最關鍵的「打不打看台灣」的「台灣」首先起了好幾個根本的變化。蔡政府上任後雖然口說「維持現狀」，實際卻徹底改變了兩岸政治基礎。它一方面在理性層次堅定排斥「一中各表」及「九二共識」，一方面又在感性層次拒絕「兩岸一家親」，並大幅拉開「台灣人」與「中國人」的距離。這些改變表面上不像當年陳前總統的大動作那麼惹眼，但北京認為蔡政府「去中國化」及「漸進台獨化」的意志更堅定，步伐更急切。

今年《台灣旅行法》通過後的美台互動，更讓北京擔心台灣的台獨傾向外溢到美台關係。此外，過去支撐兩岸和平最大的沉默力量，即十四億大陸民眾對台灣的好感，也在這兩年消磨殆盡。台灣因此失去了大陸內部牽制政府動武決策的感性支柱。

變化之二就是兩岸力量對比對台灣益發不利。我《國防白皮書》早在二〇一五年就評估中共「已具備對我遂行大規模聯合火力打擊與拒斥外軍介入台海爭端的能力」。美國最重要的國防智庫蘭德公司曾經模擬美中如於二〇一七年在台海交戰，中共將在開戰後的「幾個星期內」擁有優勢；美國航母如果靠近離岸一千浬的海面就會陷入被擊沉的危險；而美中在台海的軍力對比將從二〇二〇年起向中共傾斜。

變化之三就是蔡政府假「改革」及「轉型正義」之名在國內實行權力集中，不斷無情地打擊異己，切割不同群體的感情與利益。其淨結果就是民心渙散、士氣低落，國軍基層幹部嚴重缺員。不少美國友人私下表示，如果台灣自己都沒有意願保家衛國，為什麼美國要犧牲大兵來保護你們？

在大陸部分，過去的「打不打看台灣」把兩岸主動權讓給了台北，而北京自己落入被動。就北京而言，它當時有不得已的難處。一是自己實力不足，力有未逮，二是台灣問題尚不足擠進優先順序的上位。但現在形移勢遷，不但蔡政府強化了台灣問題的緊迫性，而且中共實力也已倍增，而為了實現「中華民族偉大復興」的歷史大業，台灣問題自然不可能久懸不決。北京因此必須重回主動。

萬一民進黨在二〇二〇年再度勝選，就說明台灣民眾可以接受沒有以「九二共識」為基礎的兩岸關係。屆時北京立將陷入更大的戰略被動，不僅更難解決兩岸困境，也難處理所有涉台的對外關係。

現已集權並正力圖實現中華民族偉大復興的習近平主席會允許自己掉入這個困境？「動

武」會不會因此從「不是選項」變成「選項之一」？若然，北京固然要衡量成本，如對國內建設及對外關係的衝擊。但從台北角度，我們也需自中共過去動武案例認識到：在主權問題上，北京對成本的考量一向相對有限；如不幸晴天霹靂，事前恐無任何徵兆；所以不能輕視任何相關的警告。

台北的上上策當然還是讓大局回到「打不打看台灣」。失掉這個主動，就只有等何時及如何面對命運的安排了。

一〇七年九月三日・聯合報A13版

07 試擬台灣未來的可能劇本

蔡總統上任兩年，兩岸關係明顯從馬總統時期的緩和急凍成僵局，再惡化成今年的冷對抗。「維持現狀」的口號成為笑話還算小事，我們必須更認真思考台灣的未來，才能預謀自處之道。

筆者曾經多次指出，不管兩岸關係結局如何，它的過程應只有「鬥」、「拖」、「和」三條途徑。如今「和」的途徑已經確定可以排除，只剩「鬥」與「拖」，而現狀可以算是「形拖實鬥」的混合體。台灣有些人樂觀地認為「形拖實鬥」可以維持很長的時間。甚至有權威人士說三十年都「不會有太大差異」。我們很難想像過去波濤洶湧三十年的兩岸關係將會突然長期風平浪靜。所以三十年太長，暫把思考座標訂在二〇三五年。那是中共「兩個百年」的中間點。如果兩岸關係能闖進二〇三五而仍然安然無恙，台灣有的人一定會額手稱慶。但他們會發現那時候的台灣恐怕沒有太多值得驕傲的地方了。

根據統計，台灣自二〇〇一年至二〇一七年的經濟成長率落後於除了日本以外的所有東亞國家。倘若把台灣與它們成長率的差距投射到二〇三五年，就會發現南韓的經濟總量將接近台灣的二點九倍，泰國幾乎是台灣的八成，連菲律賓都逼近八成。如與大陸各省相比，二〇三五年的台灣將落到第二十名，不只遠遠不及現在第十名的福建，還將輸給傳統比較貧窮的雲南、貴州、廣西等省。

在台灣滑落的過程中，人才與資金必然加速外流、投資與消費持續疲軟，經濟衰退導致的社會問題也將更加嚴重。那時造成台灣一蹶不振的民主制度也會成為國際知名的負面教材。在國際上台灣會變得更孤立，總統將像以前的金正恩和他的父祖，成為東亞的新「宅男（女）」，而大陸更沒有興趣與台灣進行任何對等談判，只坐等台灣瓜熟蒂落。這是「菲律賓化」的劇本。

但滑落的過程絕不可能平順，一定會顛簸震盪。台灣的大選哪次不帶來重大的變化？周遭的黃海、東海、南海如起風雲，肯定也會掃到台海。如果大陸沉不住氣，或美國想打「台灣牌」，台灣立刻就會「古巴化」，像一九六二年的古巴危機那樣成為美中對決的焦點。這個對決既是實力的較勁，更是意志力的抗衡。論實力，到二〇三五年美國的綜合實力即使仍然略占上風。但美國一則備多力分，二則路途遙遠，而中共一則必傾全國之力，二則以逸待勞。所以誰主台海浮沉，尚難定論。論意志力，台灣是大陸全國關注的核心焦點，而對美國只是次於日本及南韓的第三等利益。雙方意志力之懸殊，不可以道里計。

我曾在閒談中問過一位美國航空母艦的退休艦長，如果台海再度有事，美國會不會像二十年前那樣再度馳援。他沉思一會才回答，「你知道嗎？如果一艘航母被擊沉，死亡人數等於一個珍珠港加上一個九一一」。他的話沒錯，珍珠港及九一一都是美國史上何等的大事，兩者共陣亡了五千多人，大約等於一艘八千官兵的航母被擊沉後的死亡人數。艦長沒有直接回答我的問題，但意思很清楚：「我們要為你們冒這麼大的風險嗎？」

所以美中如果攤牌，所謂「強龍不壓地頭蛇」，美國可能選擇像一九六二年的蘇聯一樣，有尊嚴地從古巴危機中抽身，台灣就會「克里米亞化」，像它回歸俄羅斯一樣併入中國。這是台灣獨派最不樂見的劇本。

獨派最希望看到的是，中國大陸退讓，而台灣在美國的庇護下順利獨立建國。這個劇本理論上存在，實際不然。大陸任何領導人退讓，將立即被推翻，而繼任人必將不惜一戰。屆時即使雙方把戰鬥克制在傳統武器範圍，不升高為核子大戰，台灣也會生靈塗炭，即「伊拉克化」。

其實美中兵戎相見的可能性極低極低。雙方的實力、意志力及衝突劇本都只是談判用的籌碼。兩邊坐下來，台灣就是砧板上的那塊肉。這是「上海公報化」。

如果這些看來都是悲劇，那是因為國際政治從來講求的就是實力，不是民意（尤其不是小國的民意），更不是道義。台灣現在逆勢而行，能「和」而不「和」，反而專注「鬥」與「拖」，悲劇的上演怕只是什麼劇本及什麼時候了。

一〇七年六月十二日．中國時報A14版

08 惡化中的台灣安全環境

知台友台的美國在台協會前理事主席卜睿哲（Richard Bush）最近撰文檢討「台灣的安全政策」時，明確指出台灣的安全環境正因中共軍力的快速提升而惡化；而美中均可能調整政策以為因應。他說，北京方面可能對台灣拒絕政治談判失去耐心，改採威嚇手段。而美國內部正在討論為了維持美中關係的整體安定，是否接受「棄台論」，或減少對台灣在內的西太平洋盟邦與友人的安全承諾。

對台灣，這絕對不是悅耳的調子。但很不幸，它是真的。

美國國防部每年都會公布一份中共軍力報告。自二〇一三年起，連續四年的報告都有一段文字，大意是：「台灣的安全過去依賴三要素：解放軍無法投射武力、台軍技術優勢及島嶼防衛先天優勢。但中共日益現代化的軍力已侵蝕（erode）或消除（negate）了這些要素。」

我國每兩年一度的《國防報告書》也已連續兩度指出：「共軍……已具備對我進行大規模聯合火力打擊與拒止外軍介入台海爭端之能力。」此處的「外軍」指的當然是美軍。

美國民間智庫與大學關於美中在東亞可能爆發軍事衝突的長短論著，最近幾年更像雨後春筍般冒出，基調都是前述五角大廈現實但悲觀的立論。最廣受矚目的就是去年以研究國防知名的智庫蘭德（RAND）公司公布的一份大型報告。他們模擬美中的台海戰爭後發現，中共可在「首戰若干星期」占到優勢；美國航空母艦不能再像過去那樣貼近支援，而必須遠離第一島鏈；而美軍駐守東亞的空軍戰機也將有「好幾個星期」不能起飛作戰。

針對這種劣勢，美國國安部門當然在積極設法因應，但問題是：一，所有有效反制之道大概都會牽涉到攻擊大陸沿海基地，讓戰事升高，對美國不必然有利。二，美國國防預算能否到位以及相關武器系統能否適時更新，都是大問號。此外，美國的盟友在關鍵時刻也不一定幫得上忙。一般公認為對中鷹派的美國太平洋司令部司令哈里斯（Harry Harris）去年九月在參議院答詢時就表示，美國在太平洋雖有五個條約盟邦，但必要時估計「我們仍必須獨力作戰」。

更危險的是，由於雙方軍力相當，所擁武器系統又都具備遠距快速精準打擊能力，以致先下手為強，後下手則遭殃。這就使得危機一旦出現時，美中雙方的戰略態勢會變得極不穩定，非常容易因為一方誤判或意外，為怕落入下風就急著先出手，以致瞬間釀成悲劇。

這些因素加在一起，使得現在台海平靜的表面下，其實隱藏著越來越大的風險。日昨媒體報導我國可能停產發展已久的中程地對地飛彈。如果屬實，應該就是美國擔心現在的兩岸緊張將來容易導致前述「危機不穩定」（crisis instability），所以預先拔除可能點燃戰火的引信，以免把美國拖進一場它不樂見的美中戰爭。

總之現在的「新常態」是，美國昔日保護台灣安全的優勢已經一去不復返，但兩岸關係變生肘腋的可能性卻正升高。這就是為什麼美國政學界近年熱烈討論美中又競爭又合作的關係時，常有人思考如何擺脫最危險的台灣問題的糾纏。卜睿哲提到的「棄台論」就是在這個背景下出爐的。據筆者統計，具體的相關構想已有十個之多。它們都是從美國利益出發，不夾雜一絲情感。從這些策士的角度看，他們只是替美國謀求最大利益而已。

身為當事人的台灣對這個新常態迄今似無警覺。一般民眾無法從大眾媒體接收到上述資訊，因此耽於片刻的小確幸，我們尚可理解。但經常接觸國外資訊的黨政人士，就不應該好像回到從前，完全依賴美國的保護，而以消極態度應付兩岸關係。這個消極態度在北京對台包容溫和時，還可勉強過關。一旦中共壓力湧現，美中關係緊張，台灣的消極就會變成美國的負擔。屆時台灣的安全甚至前途恐怕就要交在兩個大國的手上了。

囿於自己意識形態及黨內壓力的束縛，蔡政府至今不願務實處理兩岸關係，只寄希望於美國下一任總統。只怕等到情勢明朗時，美國不是想像中的美國，而中國大陸因為時間的拖延而徹底失掉對蔡政府的信心。豈不是兩頭落空？

一〇五年八月一日・中國時報A10版

09 今年攸關台灣安全的三因素

蔡總統就職演說使用化簡為繁、天女散花式的筆法，藉台灣民眾熟悉的眾多模糊零碎的「現狀」符號向北京傳達起碼暫時「不獨」的訊息。北京的回應也把焦點放在獨或不獨，而沒有移向統或不統，讓兩岸暫時維持「不統」、「不武」的現狀。看來一般預期的兩岸對撞危機似乎解除。真的嗎？

由於民共基本立場的差距過大，雙方之間沒有互信，各自又高度自信，所以目前雖都保持自制，將來擦槍走火的可能性相當高，絕不能掉以輕心。除了表面熱鬧的南海問題與台日關係外，個人認為更需要關注的是另外三個較深層的因素。

第一就是民共的溝通。溝通是管理任何關係的關鍵。在互不信任的基礎上片面行事，小事都會升高成大事。相反的，持續耐心地溝通可以逐步化解猜疑，並讓大事化成小事。冷戰期間美國與中共極端對立，沒有外交關係，但仍然在華沙舉行了長達十六年、一百三十六次的大使級會談。儘管會談經常只上演對罵的戲碼，也沒有簽訂任何協議，但管道的存在就使得雙方關係再壞也不至於完全失控。

馬政府能夠順利建構「和陸友日親美」格局，也正因為當時與美中日三方面都建立了順暢而持續的溝通管道。其中與北京的多層次溝通更是兩岸的破天荒之舉。至今我從沒聽過任何外國官員或媒體「外行地」質疑這是「黑箱作業」，因為它本來就是涉外事務的常態。事實上，兩岸管道除了經常及時而有效地化解「統、獨、武」疑慮的大小事件外，也協助排除一些重大的民間疑難雜症。它對兩岸關係穩定的貢獻是無庸置疑的。正因如此，最近看到兩岸兩會及其他溝通管道陸續中斷，著實令人憂慮。

第二是大陸的民意。過去八年兩岸和解營造了兩岸歷來最熱絡的社會交流。上至幾十位省部級官員，下到兩千萬人次的大陸民眾都曾跨海來台訪問。他們最欣羨台灣保留了中華文化的精華。大眾媒體對台灣的報導不僅數量龐大，而且多半非常正面。這些交流在大陸內部大幅擴增了民眾對台灣的好感。我們只需比較大陸民眾對香港或美日韓等國的觀感，就知道這份情感是多麼特殊。

民調還顯示，台灣民眾比較以冷靜的態度依序以「夥伴」、「朋友」、「親戚」、「家人」看待大陸，但大陸民眾卻熱情地依序以「家人」、「親戚」、「朋友」、「夥伴」看待台灣。八年下來，這個好感甚至滲入涉台的政商學媒界，形成兩岸安定與台灣安全的隱性支柱，使得大陸當局在考慮對台使用硬的一手時多所顧忌。

大選前後一些個別事件（如詐欺犯）已經激起部分大陸輿論的反感，但力道仍不足以扭轉大陸民眾長期對台灣的強烈好感。將來如果台灣趨獨的言論與動作增加，蔡總統口中的

「台灣新民意」就極可能刺激出大陸的新民意。這個隱性支柱一旦弱化，兩岸現狀就危機四伏了。

第三是美國因素。新政府「遠中國、親美日」的大政方針必然提高美國的重要性。但台灣了解美國嗎？最近十幾年台灣專注內鬥，對外視野可說已狹隘到即使是美國事務也只觀察表面的程度。許多人僅從少數官員與智庫學者的講話就拼湊出對美國台海政策的印象。即使是情報資源豐富的扁政府都在九一一事件導致美國政策轉向後，還一直誤以為小布希總統會信守他在九一一前所說「竭盡所能防衛台灣」的重話。這個誤判的根源就是心理上過度依賴美國，而決策時又過度侷限於華府少數人提供的訊息，而忽視美國政策的大環境已經轉變。美國利益遍及全球，方方面面相互牽動。台灣如何能只管自己的需要而不考慮美國變動不居的國家利益？

更何況台灣在美中心目中的地位完全不成比例。在北京，涉台事務是由部會層級的國台辦單獨處理。過去八年台灣不知有多少人見過它的正副首長，他們的長官，甚至最高領導人。但在華府，涉台事務卻只由相當於司長的助理國務卿掌理。他轄下有二十八個國家，我們駐美代表能擠進他的見面名單都不容易，更何況見到他的長官。所以台灣熱臉貼上去以前，一定要先做好十足的功課。

上述三項因素中的任何一項都足以衝擊台灣的安全，當權者不可不慎。

一〇五年六月五日・聯合報A12版

10 台灣安全的新變數

當前台灣的論政情況大概只有「真空」兩字可以形容。兩大政黨對於國家未來可能面對的大事幾乎完全「不看、不聽、不想」。過去思想敏銳、言論澎湃的綠營菁英現在已經明顯定於一尊，為了避免犯錯，紛紛迴避重大政策的討論。而藍營士氣普遍低迷，多數人雖有想法。卻好似根本提不起精神參與公開論辯。這使得最近兩件與台灣安全直接相關的重大消息，竟然遭到漠視。

第一件是九月中旬美國華府智庫舉辦的台灣研討會。應邀午餐演講的是美國公認「台灣通」的任雪麗教授（Shelley Rigger）。她指出兩個新狀態正在進行。其中之一就是北京是否開始對台灣感到絕望，覺得在統獨問題上「時間不在中國這邊」而「不作為的風險將高於作為的風險」。她指出台灣民眾的「台灣人（非中國人）認同」已經上升到六成。民調還顯示，假設沒有戰爭風險，已有高達八成的台灣民眾支持獨立；即使有戰爭風險，支持獨立的人竟也有百分之三十至三十五。另一個就是中國大陸的內外問題是否嚴重到北京必須訴諸民族主義，借助對外動作來轉移人民注意力的地步。她擔心這兩個進行中的狀態會使台海危機提早出現。

更讓她憂慮的是，對於目前上升中的戰爭風險，台灣似乎完全不在意，繼續沉醉在「催眠的Hello Kitty文化」中，不願思考任何讓人不舒服的現實話題。

第二件是美國的著名智庫蘭德（RAND）公司在習近平主席訪美前一星期發表受美國空軍委託、由十四位專家執筆、長達四百頁的報告《美中軍事記分卡》（*The US-China Military Scorecard*）。它依據台海與南海的美中軍力對比，設定一九九六、二〇〇三、二〇一〇及二〇一七年為切入點，針對美中互攻空軍基地、各自空優、互攻海上艦隊、各自太空作戰、網路作戰等九項可能的衝突方式（排除核戰），進行模擬推演，試圖找出何者在何領域較有勝算。

在台海部分，一九九六及二〇〇三年的各項對比絕對有利於美國。二〇一〇年，美國仍有四項優勢，其餘五項已與中共平分秋色。二〇一七年，美國優勢只剩三項（網路作戰、打擊中共艦隊，以及飛彈攻擊中共基地），與中共平手四項（各自空優、各自太空作戰），但對台灣最關鍵的兩項，美國卻都落居下風。

其中重中之重就是美國的航空母艦群。根據該報告的推演，由於中共反艦導彈、巡弋飛彈、潛艦及偵測能力的大幅提升，所以「成本高、乘員多、象徵意義大」的航空母艦在「衝突初始的幾個星期內」將明顯居於劣勢，最好退居中共飛彈射程（即兩千公里）以外的海域。因此它協防台灣（離大陸僅一百六十公里）的力量將大幅減弱。

另一個美軍劣勢就是空軍基地的脆弱性。中共飛彈現已精準到誤差只有五公尺的程度，很可能迫使區域內的美軍基地「好幾天」甚至「好幾個星期」都不能起飛作戰。

對許多緬懷一九九六年飛彈危機時美國航母馳援的人來說，蘭德描繪的上述畫面一定非常刺眼，但它卻是冷酷的現實。它最直接的軍事意涵是，台灣不少人過去、甚至現在都還深信不疑的「中共不會打」、「美國必來救」的兩項假定，必須重新評估。如果無視於這個新常態，繼續把過時的假定作為向支持者宣傳甚至制定政策的基礎，恐怕不只台海沒有和平，而且台灣沒有安全。

同樣重要的是它的政治意涵。因為美中在東亞的軍力已在伯仲之間，兩者又都是核子武器持有國，所以雙方的第一要務都是避免衝突。即以南海為例，美國針對中共的主權主張及填海造礁已經多次嚴詞撻伐甚至出動軍機示威。但美國官方近也公開承認，自習近平上任後的三年內美機就不曾進入中共所占島礁的十二浬（即領海）以內，也就是不以實際行動挑戰中共的主權主張。根據蘭德的上述研究，美國在南海的軍力仍較中共略占優勢（即九項有五項領先，四項平手）。即使如此，美國在南海依然深自克制，避免與中共直接衝突。那麼在北京實力及意志力都更堅強的台海地區，美國怎願為台灣而甘冒與中共對撞的危險？

所以台灣必須減少對外力的過度心理依賴，積極負起自身安全的責任。其中軍事防衛的角色固然重要，政治智慧的成分恐怕更要大幅提高。

一〇四年十月十二日．聯合報A14版

兩岸關係

01 蔡總統扭曲的兩岸觀

看蔡總統的國慶演說，有種說不出的熟悉感。後來才領悟原來它非常類似我們年少時期的冷戰語言。那是一個兩岸敵我分明，完全「不接觸、不談判、不妥協」的年代。對岸如做壞事，那是因為他們本質就壞；如做好事，那是他們被環境所逼不得不做。反之，我們如做壞事，那是迫不得已；如做好事，當然因為我們是好人！年輕時聽慣了，都習以為常。

長大才知道真正的世界複雜太多，中國大陸實況也絕不是任何簡單邏輯可以一以概之。全球化後，人、貨、金融、資訊大量交流，兩岸觀念都變了，兩岸與各國關係也變了。互依互利、「你中有我、我中有你」越來越是不可能改變的常態。近二十年大陸和平崛起後，對許多國家除了「機會」外，也構成新「威脅」。它們乃採「威脅極小化，機會極大化」的因應策略。其中日本與印度最明顯，沒有因為華府把它們拉進「印太戰略」而改走全面敵視道路，反而更加強化與大陸官方互動，包括領導人互訪，像日前習近平訪問印度。連強調「競爭」的美國都務實用談判來解決問題。

全球唯一例外就是蔡總統領導的民進黨。她上任不久就堅持回到「不接觸、不談判、不妥協」老路，還持續灌輸台灣民眾四個扭曲概念。第一，大陸全是「威脅」，不是「機會」。三年多來蔡總統完全忽視全球第二大經濟體近在咫尺代表的「機會」。蔡政府各部會也好像完全漠視兩岸民眾已進行三十多年的正常交流。事實上大陸「機會」不限於經濟文化，還包括政治外交乃至軍事紅利。因為兩岸透過「九二共識」達成一定互信，政治關係才得以緩和，我們的國際參與得以提升，安全得以確保。這些別國欽羨的「機會」，過去三年不幸都被剝奪了。

第二，只聚焦「威脅」的蔡政府還專注「政治威脅」。除強力攻擊「一中各表」、「九二共識」及「兩岸一家親」外，還常故意用看似微小但意涵重大動作來刺激對岸，放大威脅。譬如，去年蔡總統國慶講話就不再用前年「中國大陸」，通篇直呼「中國」。今年國慶講話除把國名改成「中華民國台灣」六個字，還把中華民國壽命縮短成七十年。這些變動都是源自二十年前「兩國論」劇本。既然蔡總統毫不忌諱回歸「兩國論」，大陸也就端出「一國兩制」老戲碼。兩岸這樣相互刺激一年多，現在似乎都已動氣。對拿反中抗中動員支持者的民進黨來說，北京的強硬或許正中下懷，但對台灣整體安全絕非好事。

那是因為，第三，蔡政府放大「政治威脅」，卻完全避談因此而遽升的「軍事威脅」。為了維持綠營士氣，它還常藉一些小跡象來暗示美國可能援台。實際上美國現已明顯掉進前所未見「無心也無力」的困境。川普為了追求連任且彈劾烏雲罩頂，連炸毀沙烏地油田的伊朗都不敢報復，怎可能出兵對抗比伊朗強大許多倍的中共？美中在東亞軍力對比已不復當年。中共最新超高音速中遠程飛彈，因可變換飛行軌道而極難攔截，足把美國航母逼停在關島以東，讓它們不能馳援台灣。蔡卻渾似不知不覺，繼續打擊在野黨、撕裂社會、破壞團結。如此「外鬥」加「內鬥」，談什麼守護台灣？

第四，蔡總統還常提她所謂「理念相近的國家」。其實放眼整個世界，只有她孤家寡人採取與北京不對話、只對抗政策；只有民進黨一黨把「和中」醜化為「舔中」，把「對話」等同「投降」。其他國家都積極與中共交往，並在「機會」與「威脅」間拿捏分寸。美國太平洋總部司令有次在國會公開表示，美國在東亞雖有五個條約盟國，但它們各有盤算，所以美中交戰時美國仍須獨力作戰。既然美國都這麼無奈又孤單，蔡政府憑什麼如此勇敢，硬拉著台灣老百姓推動它的「兩國論」？

蔡政府既扭曲兩岸關係，又扭曲當前國際社會現實。難道聰明的台灣民眾真願意被拖下水？

一〇八年十月二十日・聯合報A12版

02 民共為何沒有溝通?

民進黨與共產黨之間到底有沒有溝通管道?

這是蔡總統就任後太平洋兩岸最大的謎團之一。據美方消息，包括蔡總統本人在內的好幾位民進黨人士都曾向美方明言或暗示，民共之間存有溝通管道。大部分聽者當時都半信半疑。經過最近兩岸軍事、外交及政治面連出狀況以後，仍然相信民共管道存在的人大概所剩無幾。長期關心台灣的美國智庫人士葛來儀（Bonnie Glaser）近就公開撰文，憂慮「兩岸有效可靠溝通管道的缺乏，妨礙了雙方建立信任的能力，增加了錯估形勢的風險」。

這句看似老生常談的話其實隱藏了三個極重要的字眼：「溝通」、「信任」、「錯估」。現在兩岸情勢緊繃，狀況百出，主要原因就是民共既沒有互信，也沒有溝通，而且常常錯估形勢。「信任」非常主觀，不一定有對錯，所以不同的主觀一定要經過「溝通」才會慢慢產生相對的客觀，進而衍生互信。有溝通不一定有互信，但沒有溝通卻一定沒有互信。

今天民共沒有互信，我們可以理解。畢竟民進黨反中（不只是反共）已反了幾十年，不可能一下子就換腦袋。同樣的，北京看蔡總統，也一直認定她「說一套，做一套」，即女高音獨唱「維持現狀」，但其他的黨政媒全都反其道而行。所以雙方互信自然近乎零。

但沒有信任不代表不能溝通。早年李前總統派人與北京專人密會多年，難道他當時已信任共產黨？蔡總統在一九九八年以「政大教授」身分前往上海與北京參與「辜汪會晤」並會見時任副總理的錢其琛時，難道也意味她是先有信任才前往？很多溝通其實都是在沒有互信的基礎上開始的，然後才從溝通中慢慢培養信任。這種情況過去屢見不鮮。冷戰高潮時期，美中無時無地不鬥，但仍不時在第三地的華沙面對面會談，即使絕大多數會談都以相互咆哮結束。

所以現在民共的不溝通，極不正常。大陸方面對這問題的考量相當公開。去年底北京還遞出橄欖枝，釋出了「智庫對話」的善意訊號。倒是蔡政府方面始終不願說明為什麼遲遲不能建立管道。這不免讓人疑惑其中是否藏有難以說出口的原因。譬如：

第一，是否是蔡總統的面子問題？她在選前曾經表示，只要民進黨打贏大選，北京自然會調整政策來配合。既如此，她就不願主動，否則豈不食言而肥？但這個理由放到更大的格局中，根本不是理由，何況她上任後的髮夾彎還怕多一個？

第二，蔡可能覺得兩岸溝通的好處不大，大陸善意回應的機率不高，何必多此一舉？這顧慮能成立，但問題是不去試怎能斷定結果一定負面？「智庫對話」的訊號難道完全不值得進一步探索？

第三，她可能真想把台灣的大政方針轉成「親美日，遠中國」。既如此，何必費心與北京溝通？如是這個理由，改變的後果就得由全民承擔，因為她等於把台灣命運與美日綁在一起。今後的台灣不但將隨美中關係的起伏而震盪，還會喪失自主性，聽由美國決定台灣是資產、負債、還是交易的籌碼。

第四，怕動搖黨內的支持基礎。這個理由很真實，顯示民進黨過去宣傳「反中」極為成功，以致今天的我被昨天的我綁架。它的盲點是，自稱最會「溝通」的領導人及政黨，為了國家的長治久安，不正應該在這問題上好好自我溝通？豈可未溝通就先放棄？

我們不知道真正的原因是什麼，但缺乏兩岸溝通而產生的「錯估」惡果已經出現。英川通話是最好的例子。兩岸如有權威性溝通，英川通話以後發生的諸多狀況應不至如此嚴重。將來如果持續缺乏溝通管道，蔡政府對大陸情勢及其對台政策的研判仍將失之偏頗。任何美台互動也都會被放大解讀，不僅對台灣造成壓力，也會增加華府的困擾。如果美中摩擦真的加劇，台灣更易遭受池魚之殃。

難道領導人已經吃了秤砣鐵了心，覺得不需要再對內或對外進行多餘的溝通？若如此，我們就不必猜測原因，一起準備承擔後果吧。

一〇六年二月九日・聯合報A14版

03 當前兩岸僵局的癥結

對稍微注意兩岸關係的人來說，蔡總統「沒有意外」的國慶演說，並不意外。事實上，兩岸局勢從五二〇開始一直螺旋下滑到今天「冷對抗」的地步，也從來不是意外。

兩岸僵局的癥結從來就不是媒體上喧鬧不斷的任何名詞，而是民共雙方在主權問題上確確實實存在著的重大基本差異。

中共及大陸人民幾十年來一直堅持「台灣是中國的一部分」。他們願意在李馬兩位前總統任內，與國民黨的「台灣與大陸都是中國的一部分」妥協，但從來不願意對「台灣是台灣，中國是中國」或其他類似立場讓步。一旦讓步，他們擔心不僅整體國際關係會受到衝擊，甚至國內的藏獨、疆獨，乃至最近的港獨問題都會惡化。

在民進黨方面，台灣獨立建國是創黨理想，也從不曾動搖。所以民共兩黨自始就存在「一（個中國）」與「二（個國家）」的根本矛盾。民進黨的領導人對此基本教義平時就不易輕言妥協，現在好不容易全面執政，更難放棄。對蔡總統個人來說，轉這個彎，可說是難上加難，因為她比別的領導人還更多一層思想武裝及一層面子考量。

「思想武裝」當然就是曾經名震天下的「兩國論」。當年蔡博士主持的「兩國論」，除了創造眾所周知的新名詞「特殊國與國關係」外，還包含了一份詳細的新政策路線圖。其中不僅要推動修憲，把中華民國領土限縮到台澎金馬地區，而且把「中華民國」掏空成一個沒有歷史、沒有內涵的軀殼，只剩隨時可以撕掉的名字貼紙。它還要求以後停用「一個中國即中華民國」、「一個中國、各自表述」、「一國兩治」、「一國兩府」、「一國兩區」、「一個分治的中國」、「一個國家兩個對等政治實體」、「中華民國自一九一二年即已存在」、「台灣與大陸都是中國的一部分」、「中華民國主權及於全中國」、「中華民國主權及於全中國、治權及於台澎金馬」等等國人極為熟悉的用語。

兩國論提出後，修憲部分很快因為中共不惜動武及美國反對，迫使李前總統不得不緊急煞車。但路線圖的其餘部分卻被民進黨默默而堅定地推動了十幾年。蔡在黨內也因為操盤「兩國論」而擁有無可取代且與日俱增的權威。今天回顧蔡總統及相關要員過去十幾年的言行，不得不嘆服其中隱含的「一致性、可預測性、及持續性」。

「面子考量」牽涉到二〇〇〇年陳前總統上任不久對外賓表示願意接受「一中各表」，但第二天就被陸委會的蔡英文主委用記者會的方式加以「澄清」。今天如果蔡總統自己屈服於外界壓力，在「一中各表」或「九二共識」上轉彎，不但難向黨內及李前總統交代，還必將承受來自扁系人馬的無情訕笑。

另外，前年七月，蔡在接受《天下雜誌》訪問時提到，只要打贏選戰，「中國會朝民進黨方向調整」。換句話說，民進黨不必調整。當時許多人擔心，她這句話已經注定了兩岸未來的最佳劇本就只是僵局而已。

綜上以觀，台灣內部圍繞「九二共識」名詞的爭吵，主要作用是煙幕彈，用名詞有無的爭論來遮掩民共兩黨在主權問題上存有根本矛盾的具體事實，好讓民進黨繼續堅持基本教義，而迴避不去處理這個根本矛盾。現在一方面民進黨已徹底醜化「九二共識」；而另一方面北京覺得它對世界各國堅持「一個中國」，但對台灣特別改用不含一中字眼的「九二共識」四個字，已是重大善意。所以雙方都覺得退無可退。

更糟的是，雙方都對兩岸終局是「統」或「獨」深具信心，所以都不願意先作讓步。大陸覺得憑它的實力，台灣不可能跑出它的手掌心。民進黨則寄希望於「台灣新民意」（尤其是年輕人），也寄希望於美國的新總統。不管對錯，這些評估更強化了兩岸僵局的必然性。

但政治終究是妥協的藝術。當年國共兩黨在四十年冷戰加流血衝突的背景下都能找到雙方妥協的平衡點。今天兩岸社會經濟連結的基礎如此深厚，為了兩岸和平與台灣安全，民進黨更有義務開始認真面對並設法處理民共矛盾，以免兩岸僵局持續惡化到難以收拾的地步。

一〇五年十月二十三日．聯合報A14版

04 兩岸五二〇後的可能對撞

在選舉激情過後，為了深入了解大陸方面的思維以作為台灣朝野的參考，台北論壇在前監察院長錢復先生的率領下，走訪了北京與上海，回來後並向社會發表所見所聞。

我們發現，民進黨與共產黨在基本立場上的距離，原本就比國共兩黨的距離更為遙遠。現在由於受制於各自的內部條件，雙方都覺得退無可退，所以腳跟站得比過去更定、更硬。更讓人憂心的是，所謂「天然獨」與「天然統」的直接對抗似已隱然成形，蠢蠢欲動。這使得舊有深層的「統獨」之爭開始與更深層的「認同」匯流，眼前的僵局將更加難解。

「認同」與「統獨」一直在台灣熱鬧的政策辯論舞台幕後相互激盪。其中感性的「認同」，相對於理性的「統獨」，一直站著上風。君不見過去當大多數的台灣民眾都覺得自己是「中國人」時，根本沒有獨立不獨立的問題。現在當大多數人都自認是「台灣人，不是中國人」時，統一就幾乎不是選項。

民調顯示，「認同」在過去幾十年間非常穩定地從「中國人」向「台灣人也是中國人」，再向「台灣人」轉移。當後兩者勢均力敵時，反映出民眾的內心在掙扎翻滾，而「統獨」的大政方針就隨著出現了混亂反覆的現象。

讓我們看：「中國人」老蔣總統時期的大政方針，毫無疑問是「急統」。晚年曾說自己「也是台灣人」的經國總統已從「急統」轉到了「緩統」。在李前總統時期，「台灣人」認同持續攀升，但仍少於「台灣人也是中國人」。所以他最後一年暴走「急獨」後不得不趕緊煞車。當陳前總統更大步邁向「急獨」時，也立即刺激了當時仍占多數的「台灣人也是中國人」及「中國人」的不安情緒，造成台灣社會分裂，政治連年動盪，而台灣海峽也吹起驚濤駭浪。「台灣人也是中國人」的馬總統後來用「不統不獨」方針及「九二共識」聲明穩住了兩岸與台灣內部的不安情緒。結果民進黨對「台灣人」認同的持續引導，加上馬創造的安全感，竟讓「台灣人」認同在他任內大幅躍升至六成甚至更高的比重，遠遠超過其他兩種認同。

現在我們正站在兩岸關係新的關口。那就是，「台灣人」蔡主席將帶領以「台灣人」認同占多數的台灣，隔海對抗「中國人」習近平及懷抱「中國夢」的近十四億大陸民眾。這情勢之所以「新」，是因為國共鬥爭時期的主要矛盾存在於國共兩黨間，與人民較無涉；而在兩岸和解時大陸人民對台灣的友善還是和解的最大助力。今天「台灣人」認同剛剛成熟，正血氣方剛，而「中國人」也正揚眉吐氣，自信滿滿。如果「台灣人」與「中國人」開始翻臉不認多年的情誼，能扣扳機的手指頭大量增加，情況就很容易失控，後果絕對不堪設想。

所幸到目前為止，雖然地底岩漿已經蓄勢待發，但兩大板塊尚未直接相撞。掌握權力的領導人似有責任體恤蒼生百姓的幸福，藉由緩和的「統獨」選擇，引領「認同」板塊趨吉避凶，而不能坐在板塊上隨波逐流。

雖然從大陸最近一連串聲明看來，似乎大陸心意已決，但為了兩岸關係的長遠打算，大的方向仍應以「緩統」為宜，不該輕易滑向「急統」。

民進黨的選擇迄今仍高深莫測，但由於蔡主席已多次宣示「維持現狀」，所以她應不至於再衝「急獨」，剩下似只有「不獨」與「緩獨」兩個選項。如果蔡選擇「不獨」，兩岸和平即可預期。但她的支持者，尤其是被民進黨中央視為勝選最大功臣的年輕人，一定會認為是重大背叛而拍桌反對。所以她最可能的選擇應是「緩獨」。

若然，蔡的第一個問題是，重點放在「緩」或「獨」，還是對外說「緩」，對內說「獨」？第二，大陸是否願意睜眼看「緩」、閉眼看「獨」？第三，現在的國際形勢能否支撐「緩獨」？能支撐多久？

這些都牽涉重大的戰略選擇、布局規劃，與細膩執行。當然更需要兩岸一定程度的互信。

我們衷心盼望五二〇不是兩岸「統獨」與「認同」板塊新對撞的起點。

一〇五年三月十三日．聯合報A14版

05 新政府的兩岸課題

新年伊始，大地回春。即將上任的蔡政府要如何處理攸關台灣存亡榮枯的兩岸關係，最受國人關切，其中有兩大關鍵課題。

第一就是兩岸定位。定位本來就是所有「關係」的起點。三十七年前美國與中華民國斷交後，雙方定位馬上出了問題。當時的台美關係也是千絲萬縷，縱橫交錯。既然美國不再能以主權國家對待中華民國，那麼未來雙邊關係要如何重新定位，政府與民間關係要如何處理？當時華府與台北已不可能像過去直接談判並簽署協議，只好趕緊促請美國國會訂定國內法，以片面確立台美關係的「非官方性質」，並規範未來雙邊問題的處理原則。《台灣關係法》就這樣在斷交後的四個月內誕生，成為日後台美關係的基石。如果定位問題沒有這樣迅速解決，我們很難想像斷交後的台美關係會陷入什麼樣的失序狀態。

二十八年前李登輝總統就任後，兩岸關係也面臨轉折。有意化干戈為玉帛的兩岸雙方不得不面對「你是誰」、「我是誰」的基本定位問題。李在第五年採用「一中各表」，算是找到了「求同存異」中「同」的核心，兩岸關係才續有進展。

蔡英文政府現在必須重新面對這個根本課題。幾十年前兩岸爭的是「中華民國」與「中華人民共和國」的定位。現在則是「台灣是主權獨立國家」與「台灣（與大陸都）是中國的一部分」之爭。如空談「求同存異」，卻不去尋找或找不到雙方「同」之所在，恐怕很難坐下來對話，並處理其他問題。以目前兩岸關係交織之密，牽涉人數之多、得失之重大，我們同樣很難想像它如陷入失序會是什麼樣的狀態。

新政府第二個課題就是如何拿捏兩岸關係中「機會」與「威脅」的比例。冷戰結束後，中國大陸對台灣一直既是「機會」，也是「威脅」。但每時期兩者會呈現不同的比例。

李總統前半期，兩岸開始對話與交流，威脅大幅降低，機會大量湧現。一九九五年李總統訪問母校及中共試射飛彈後情勢翻轉，機會開始減少，威脅增加。

陳水扁總統八年，兩岸ＧＤＰ對比從一比四惡化成一比八。軍力對比也在他第二任首次失衡，使台灣安全亮起紅燈。但同時經貿投資與文化交流卻比以前更加熱絡。換句話說，威脅大，機會也大。

馬英九總統第一任大體落實了他競選期間提出的「機會極大化、威脅極小化」的理念。政治上，「九二共識」在北京的「一中」與台北的「一中各表」間搭起了橋梁，使兩岸恢復對話、溝通順暢。此外經濟文化機會擴增，軍事威脅降低，台灣的國際參與加大。由於台海居然在波濤洶湧的東亞海域成為唯一風平浪靜的地帶，至今仍贏得美國及國際社會的讚譽。

但馬的兩岸和解政策雖然一鼓作氣，終究再衰三竭。一方面是因為台灣經濟的長年低迷，對比大陸實力的快速崛起，使台灣民眾慢慢產生「越靠近越怕受傷害」的心理。另一方面在野的民進黨集中全力、全方位地強調「威脅」，反對「機會」；而馬政府相關部會與國民黨竟也經常避談「機會」，尤其鮮少闡釋整體台灣都可獲益的和平紅利、政治紅利及國際紅利，反而只集中在經濟紅利，甚至更縮小成「讓利」。其淨結果就是國內民眾信心與支持的喪失。

平心而論，馬的大陸政策固然有值得檢討之處，但蔡主席訴求「維持現狀」，就等於默認她了解大多數國人其實非常珍惜馬八年辛苦營造的兩岸和平安定現狀。她刻意模糊「現狀」的定義，因為她知道「現狀」的內涵除了威脅，還有很多她不便提的機會。

現在的課題是，過去八年甚至十六年始終獨沾「威脅」一味的民進黨是不是在執政後要繼續突出「威脅」，忽視「機會」？如果是，「威脅」會變得更大還是更小？如果不繼續，那麼要加進多少「機會」？這「機會」是經濟紅利，還是馬時期的和平紅利、政治紅利與國際紅利？

這兩大課題蔡政府都無以迴避。「威脅」與「機會」的再評估屬於新政府的內部功課，當無疑義。定位問題雖須兩岸交涉，但它的起點卻在民進黨內部。兩岸關係若要在五二〇後繼續和平發展，新政府與執政黨不僅責任重大，而且時不我予。

一〇五年二月十五日・聯合報A14版

06 進入「危機管理期」的兩岸關係

一如選前各方的預測，今年台灣的大選出現民進黨同時入主行政及立法部門的結果。這是兩岸隔海分治以來的第一次。

它的意義是雙重的。就台灣內政而言，它不同於西元兩千年的政黨輪替，因為那次民進黨只掌握行政部門，而國民黨繼續主導立法院，仍對新上台的民進黨擁有一定的制衡力量。但這次大選卻讓蔡英文主席領導的民進黨首度全面執政，而且代表著該黨創建三十年後終於和平地從國民黨手中取得執政權（當初共產黨用了二十八年）。它的歷史意義是極重大的。

由於國民兩黨最大的差異就在對中國大陸的政策，這個選舉結果不可避免地會直接衝擊兩岸關係，並在未來一段時間產生許多目前無法預測的困難狀況。換句話說，兩岸勢必要從現在的「機會管理期」進入「危機管理期」。本文擬在不對未來具體危機妄加揣測的情況下，試著分析將來北京與台北最可能相互碰撞的幾個領域，並期盼雙方能用最大的智慧及耐心維持兩岸和平發展於不墜。

立場「清晰」對立

將來民進黨與共產黨最可能直接碰撞的第一個、也是最重要的領域就是雙方的基本政治立場。過去我曾試著把兩岸三黨的立場歸納為「一」、「二」，及「一與二之間」。共產黨的立場一直都是「一」，也就是一個中國。民進黨立場一直都是「二」，也就是「台灣是主權獨立國家」或「一邊一國」。國民黨則在「一與二之間」，既不是一，也不是二。它具體的立場論述是「中華民國是主權獨立國家」，然後又用「一中各表」及「九二共識」的提法來與「一」搭橋。如所周知，「一中各表」是國民黨在九〇年代時單方面的表述，大陸從沒有公開承認。「九二共識」則為台灣方面提出，在二〇〇五年被當時的連戰主席及胡錦濤總書記接納成為國共兩黨共同使用的新名詞，並沿用至今。這也反映雙方磨合多年的互信達到新的高點。

民進黨一向堅拒共產黨的「一」，也不曾接受國民黨的「一與二之間」。對於「一中各表」及「九二共識」，民進黨一貫採取拒絕的態度。其中對「九二共識」的炮火尤其猛烈，不時使用「投降共識」或「賣台共識」等強硬字眼，甚至進行人身攻擊。

蔡主席當年主筆的「兩國論」堅決主張「台灣不是中國的一部分」，因此不但反對「一個中國」，也排斥包含「一中」或「一國」在內的所有名詞（如「一中各表」、「一國兩府」、「一國兩區」、「一個國家、兩個對等實體」等）。二〇〇〇年六月底，上任不久的陳水扁向美國亞洲基金會訪賓提到願意接受九二年「一中各表」共識，立即遭到時任陸委會主委的蔡英文以新聞稿方式「澄清」。

針對這些名詞的爭辯，圈外人可能覺得很無聊，好像是聽神學家辯論艱澀的古文經典一樣。其中「九二共識」一直被罵得最凶，因為它最模糊、一般人最難明白，也最容易從各種角度醜化。藉著否定「九二共識」，還可以達到同時拒斥國民兩黨的目的。

其實「九二共識」的奧妙就在它的「模糊」。共產黨的「一」及民進黨的「二」都不模糊。譬如，民進黨說「台灣是主權獨立國家」，其中的「台灣」是具體的地理名詞，一點都不模糊。相對的，國民黨強調的「中華民國」四個字是政治符號，不是具體的地理名詞，所以先天就比較模糊。為了在「一與二之間」及「一」搭建橋梁，國民黨還先後使用「一中各表」及「九二共識」的提法。其中的「一中各表」比大陸的「一中」要來得模糊，而新生的「九二共識」四個字更把北京最重視的「一個中國」字眼都拿掉了，可說是最模糊的設計。正因如此，當初筆者倡議此一新名詞時，原本的預估是共產黨不會同意，而民進黨較可能勉強接受。沒想到後來的發展完全相反，而且民進黨過去十五年一直堅守這個反對立場而不變。不僅如此，如果它反對的出發點是因為「九二共識」是國共之間的橋梁，那麼過去十五年民進黨似乎也沒有試著搭建屬於民共之間的橋梁。這顯示民進黨極可能根本對「兩岸搭橋」這件事就由衷地排斥。打破「九二共識」這個新瓶子的真正目的，戰術上是迴避更難面對的「一個中國」問題，戰略上其實是想拋棄瓶中「一中各表」及「一中」的舊酒。

具體或模糊的利弊互見。具體的「台灣是主權國家」與大陸的「一個中國」沒有妥協空間，所以不利於推動兩岸關係，但正因為它具體，卻非常有利於在台灣內部的宣傳，對選舉有利。相反的，國民黨的模糊創造了彈性的空間，有利於在兩岸間搭橋，發展和平的兩岸關係，及拓展國際空間，但在內部向民眾宣傳時卻嚴重吃虧。

國民黨願意忍受國內宣傳處境的劣勢，而共產黨願意忍受它最重視的「一個中國」暫時消失，說明國共兩黨為了因應兩岸的現實困難，盡力在雙方不同立場間藉著模糊方式來「求同存異」。回顧過去七年，正因為雙方在政治上做到求同存異，兩岸才能扭轉以前的緊張對立，不但緩和了軍事上的對抗，擴大了台灣的國際空間，而且在經濟與文化上達成互利互惠。套句九〇年代的老話說，這都是拜「創造性的模糊」所賜。

以目前情況看來，將來兩岸的模糊空間極可能快速消失，兩岸辛苦搭建的橋梁極可能中斷。沒有橋梁，又沒有「一與二之間」的緩衝，「一」與「二」的對立就會由「模糊」走向「清晰」，甚至出現我們目前尚無法預測的對抗景象。由於民進黨過去十五年不曾在自己黨內或在兩岸之間啟動「搭橋」的努力，就算現在突然領悟有此必要，希望從「清晰」再回到「模糊」，它會發現「二」與「一」的距離比「一與二之間」與「一」之間更為遙遠，要克服的黨內、台灣內部及兩岸間的困難更多，更何況還有本文篇幅不易闡述的信任不信任的問題。這些都是未來的大挑戰。

民意直接對抗

第二個可能對抗的領域就是兩岸的民意。這些年兩岸出爐了不少民調。它們個別容有差異，總的趨勢似乎非常明顯。在感性的「認同」上，台灣民眾自認「是台灣人，不是中國人」的比例已經穩穩超過一半。長期領先的「是台灣人，也是中國人」落居第二。「中國人」的比例則遙遙落後。在理性的「統獨」問題上，「維持現狀」（即不統不獨）仍在部分民調中領先，但大多數民調都顯示支持「台灣獨立」的比例正前所未有的高漲，顯示支持度超過或接近一半的民調所在多有。這兩個趨勢在台灣內部已然成形，有的人以為是「天然成分」，絲毫不以為意，甚至志得意滿。但如果把它與大陸的「中國夢」並列考量，情況就很嚴重。

首先，台灣趨獨民意的強烈抬頭會使得兩岸領導層將來的妥協變得非常困難。傾向鷹派的領導人士可能會自恃強硬民意而更不願讓步，而鴿派則因畏懼孤立而禁聲不語。這個現象其實已經出現多年。如某重量級政治人物本來偶發溫和論述，但他的派系立法委員群幾乎從來沒有人呼應附和。時間一久，男高音也自動消音了。

更令人憂慮的是將來「台灣人」與「中國人」的對幹。兩岸和平發展這麼些年，政府接觸的管道不斷增加（一個協議就代表一個管道），談判的層級不斷升高。同時，民眾往來的程度也已密切到雙方社會及經濟均呈「你中有我，我中有你」的狀態。如此的密切交流不可避免會發生一些意外性質的摩擦或衝突，小的可能只是人際問題，大的就可能升高成政治問題。在馬政府時期，雙方預見這種可能性，所以透過協調雙方都已各自先在「操之在己」的部分預作防範；不幸遇到問題，馬上經由適當的管道，以最大的耐心及善意，協調圓滿解決。這就是為什麼過去幾年兩岸民間交流的密切度遠高於其他雙邊關係，但雙邊摩擦卻少到幾乎看不到的原因。將來一旦既有溝通管道遭到切斷，任何小意外、小摩擦，若無法及時化解，都可能升高成較大的衝突。

更危險的是，這些年兩岸都出現龐大的網民。他們的意向對政府政策多少有些影響，但卻不一定受政府控制。將來「天然獨」與「中國夢」可能因為各自內部因素而激發，可能因為兩岸摩擦而對撞，也可能因為外部因素（如南海、東海，或日本）而被撩撥。不管如何，他們一旦隔空對幹，相信兩岸主政者都要面臨巨大的壓力，後果實難設想。

再用宏觀而長期的眼光看，台灣的民意如此轉變也可能影響國民黨未來的走向，接著也影響台灣未來若干年的政治及政策走向，連帶也當然影響兩岸關係的發展。所以這次選舉帶來的是一次結構性的轉變，不是「民意如流水」一句話可以輕描淡寫過去的。

誤判國際領域

第三，國際領域也值得我們關心，雖然程度上可能較低。這裡指的不是兩岸過去的邦交爭奪戰，或陳水扁時期的「烽火外交」。這些應都已是昨日黃花，一去不復返。值得關注的是近年延燒不斷的東亞海域紛爭。

東亞海域一系列紛爭的起因甚多。最根本的起因是近年快速的「中國崛起」。在中國大陸經濟實力快速提升以及後來外交影響力逐步向全球投射時，美國及國際社會普遍尚持樂觀其成的態度。但當跡象顯示中國大陸將由傳統的陸權向海權轉型時，美國與部分的東亞鄰國就開始感到不安。尤其美國自己在這段時期瀰漫悲觀情緒，擔心它的全球絕對優勢地位即將衰落，許多策士乃憂心忡忡，紛紛把怨氣指向崛起中的中國大陸。歐巴馬政府改採「再平衡」政策，試圖把對外政策及資源分配重心向東亞地區集中，就是這個情緒的具體反應。這個新政策加上一些總統候選人偶發的反中言論，就讓原本具有反中傾向的一些人產生了新希望，以為美國鷹派思維抬了頭，而台灣可以在其中扮演一定的角色。

但據個人研判，這些尖銳的音調極可能都是個別的、暫時的、局部的現象。熱鬧的南海與東海相關的新聞報導，掩蓋了幾個重要事實。一、美中兩強的經濟總量占全球三分之一，人口占四分之一，彼此人民往來也十分密切。因此現在貫穿兩黨菁英階層的普遍認知是：「二十一世紀只有美中雙贏或雙輸，不可能任何一方單贏或單輸」；所以要盡可能避免衝突、縮小分歧；如不能，就要加以管控。

二、美國與中國大陸固然在安全問題尚有爭執，但在其他領域仍有非常多的協調合作。即使在安全問題，雙方也是有合作、有競爭。譬如，在中東及朝鮮半島問題上，北京的合作就對華府至為關鍵。再縮小來看最熾熱的南海及東海問題，雙方前幾年及現在雖都偶出重手，占據了國際輿論的大幅版面，但很明顯雙方都一直力求克制，努力協調管控衝突，以免情勢失控。這情況不但不是回到過去的「冷戰」，也不等同於九〇年代的爭吵（為了貿易、台灣、人權、西藏等）。

三、至於一般美國民眾，民調顯示當前的主流思維絕對不是鷹派，反而非常消極被動。去年九月芝加哥全球事務協會的調查顯示，高達四成的美國民眾希望「置身國際事務之外」。這是該協會民調四十年來出現的最高紀錄。至於出兵，只有在「美國本身受到直接威脅」及「低成本」與「低風險」的情況下，美國民眾才願意支持。這就是為什麼歐巴馬總統迄今對於治絲益棼的中東問題不願再投入更多軍力的根本原因。連當前爭議性最大的南海主權問題，民調也顯示只有二成的美國人知道它的存在。

透過這背景看台海，我們發現上述去年民調顯示，在十二個美國可能需要出兵的案例中，「如果中共入侵台灣」得到美國民眾的支持度竟然排名墊底（二六％）；即使詢問對象是美國菁英，支持度也只是第八位。今年十月該協會再度詢問美國民眾，得到的支持度（二八％）依然低落。較意外的，日本民眾支持美國出兵援台的比例也只有二九％。當然大國的軍國大事很少只由民調的單一因素決定，但我們很難想像在消極到如此地步的民意基礎上，任何美國政府會在美中關係最敏感也最危險的所謂「台灣問題」上改採積極的抗衡政策。

既然美國菁英如此重視美中關係，而且世界各地烽火舊的未滅（如阿富汗、伊拉克、敘利亞），新的已燃（如伊斯蘭國、伊朗、北韓），美國民眾又有消極避戰的情緒，所以將來美國雖可能在台海某些小題目做出微調，但更可能的發展仍是積極維持台灣海峽局勢的穩定。這就是為什麼美國在去年蔡英文六月訪美前幾天，特別透過國務院副助卿董雲裳（Susan Thornton）發表一篇近年單獨針對台灣的較長篇聲明。她在歷數美台合作成就後，立即補上一段話：「我必須說，近年這些合作的一個重要成分就是兩岸關係的穩健管理。我們對於兩岸安定的維護具有持續不變的利益，而這個利益貫穿我們對兩岸議題的所有作為（this interest informs our overall approach to cross-strait issues）。」

既然如此，美國的台海政策不可能是對抗，而是避免衝突，管控分歧。如果兩岸自己不能「穩健管理」彼此關係，美國與大陸就可能協調管理，以防出現雙方都不樂見又難以處理的狀況。

雖然台海穩定仍是各方最大的意願，對此意願的「誤判」仍可能導致動盪。台灣內部一些人常把反中情緒轉化成對美國的過度期待，很容易把美國內部少數鷹派的想法誤以為是主流思想，然後一廂情願地加以迎合。這個傾向如果落實在下任政府的政策中，尤其是在敏感的國際領域，很可能會激化台海衝突，讓台灣成為兩強競爭下的犧牲品。目前看來這個可能性仍低，但一旦發生，它的效果就會是爆炸性的，極可能一併點燃前述兩個領域的衝突，最終不可收拾。

以上三個可能的危機領域中，最令人擔心的是「民意直接對抗」。「立場清晰對立」雖然一定會造成兩岸關係惡化，但衝撞的強度、廣度，及時間長度多半仍由雙方政府掌控，因此可大可小，可伸可縮，不易失控。「國際領域的誤判」後果雖然嚴重，目前看來仍不必太過悲觀。但「民意直接對抗」的本質就充滿難以掌控的變數，因此最為危險。更何況，說到底兩岸關係的和平或發展都是奠基於兩岸民眾彼此的深刻好感，不管這好感的屬性是「家人」、「朋友」、還是「夥伴」。如果好感變了質，雙方開始相互批評責難乃至羞辱，關係就可能過了不回歸點而長期惡化。

如何維護兩岸關係的和平發展，尤其「民意」這一塊，雙方政府固然有責任，所有意見領袖也該善盡言責。只有大家共同努力，才能維護目前得來不易的兩岸和平穩定。

一〇五年二月．中國評論．頁七－一〇。

（本文改寫自二〇一五年十二月參加上海台灣研究所主辦的「兩岸關係新格局」研討會的發言稿）

07 三贏的馬習會

六百多名新聞記者在同一房間相互推擠的畫面本身就是一則新聞。這顯示，「馬習會」不只是兩岸的大事，也是全世界的新鮮事。它也創造了馬、習，及國際三贏的效果。

對馬總統而言，他念茲在茲兩年之久的馬習會終於實現，內心的喜悅可以想見。毫無疑問，明年他卸下重擔以後，他的大陸政策絕對是他留下最重要的政治資產。但我們更關心的是「馬習會」對台灣的意義。首先，馬習兩位領導人共同背書十年前經「連胡會」建立的「九二共識」，更加確立它是兩岸和解的政治基礎，既有繼往也有開來的意義。

但「九二共識」與「一中各表」之間一直具有微妙的差異。「九二共識」是兩岸共同宣示的政治符號，而「一中各表」則為台灣單方面宣示而大陸既不承認也不否認的說法。此次馬習「求同」的同時，馬總統也不忘「存異」。他讓習近平清楚了解「一中各表」的涵義；他提到台灣民眾關心的飛彈、國際空間、經貿國際組織、經貿協議及互設辦事處等議題。這些都可能緩和國內部分人士的疑慮。

但更重要的是，「現狀」的定義有了最權威的詮釋。筆者曾多次批評，馬總統過去只專注政策的推動，嚴重忽略政策的詮釋，以致幾年下來許多民眾只看到政策的表面（尤其是狹隘的經濟面），而不明白政策後面還有更大更深的涵義。話語權喪失至今，連「現狀」的定義都幾乎變成了「一邊一國」；而有人「突然」提出「維持現狀」的說法，許多人居然也見怪不怪。這次「現狀」的締造者馬總統透過「馬習會」，可說確認了「現狀」的內涵其實是非常豐富的，絕對不是空口一句話就可掩飾過去。這應是馬對自己過去缺失的補贖，也是對真實歷史的交代。

習主席自我設定的觀眾可能比馬總統還廣闊，思慮也更深遠。針對台灣政府與民眾，「馬習會」大大提升了台灣的國際能見度。習還展現彈性的一面，同意在第三國會面、相互稱呼「先生」而不是官銜、「不簽協議」等，都有助於滿足台灣尊嚴的需求，降低台灣的不安全感。至於把「九二共識」這個「定海神針」從兩岸推到國際，就讓全世界都知道這是北京退無可退的立場。它強硬的政策意涵，不言可喻。

最重要的，藉著這次「馬習會」，習再次展現他大開大闔的行事風格。多位曾與他接觸過的美國前官員近年一致指出，習近平遠比他的幾位前任更敢於「冒險」。這次「馬習會」突然成局，可說再度印證了他們的觀察。問題是，「冒險」有軟硬兩面。他可以如此軟，當然也可能那般硬。作為較小的一方，我們在慶喜「馬習會」的同時，實不應輕忽可能的硬的後手。

國際社會的眼光又與台海兩岸不同。已經獲得全球讚賞的兩岸和平發展，仍被許多國際人士視為「不正常」。為什麼？放眼今天全世界，真的沒有另一個地區，一方面經濟文化關係如此緊密，一方面政治軍事外交領域仍然緊張甚至對立。偏偏這個「經熱政冷」的「不正常」局面是發生在唯一可能把美中兩強吸進戰爭漩渦的台灣海峽。馬政府過去七年從確立「九二共識」為基礎、降低敵意、恢復對話，直到兩岸直航、簽訂多項協議與部會首長會面等等，努力舒緩原本過度緊張的兩岸政治面，從而把整體兩岸關係由「不正常」推向「正常化」。這些努力讓台灣海峽成為今天驚濤駭浪的東亞海域中唯一寧靜無波的地方，也為馬總統的大陸政策贏得國際社會的高度肯定。

最近由於台灣選舉在即，一般預料這個「正常化」過程在明年極可能中斷，而「不正常」局面也可能轉趨冷冽甚至危險。但因各國咸不願對台灣民主選舉多所置喙，所以內心雖然焦慮，卻不願多言。「馬習會」既然標誌「正常化」過程又更往前推進了一大步，就讓包括美國在內的各國更為安心，乃紛紛表達歡迎之意。

「馬習會」幾小時就落了幕，但它的後續影響才剛要開始。由於「馬習會」不只破了冰，餘波還飄盪全球，未來的相關變化很難不受到它的節制。

一〇四年十一月九日・聯合報A12版

08
台海可能進入「危機管理期」

這次總統大選的選前氣氛絕對是歷來最特異，也最詭譎的。表面上完全看不到過去投票前的熱鬧，一切好像勝負已決，會贏的已經躊躇滿志，走路有風，會輸的看來也很淡定。對於選後的問題，許多人好像都不看、不聽，甚至不想。

相對的，這幾個月不少外國政府官員及智庫專家都遠道不請自來，並私下說「好幾年都不必太關切兩岸關係，現在台海又進入我們的雷達圈，必須親自來看看」，憂慮之情溢於言表。六月初才在華府主持民進黨蔡主席公開演講會的台海專家葛來儀（Bonnie Glaser）在兩週前居然不客氣地撰文指出，「明年蔡主席如果勝選，即有重大可能（significant possibility）兩岸會出現危機。而且就算蔡努力提出維持兩岸現狀的策略，也會如此」。

台灣內部的平靜一部分是因為目前藍綠力量懸殊，除了等待變天外，能做的似乎不多。一部分因為蔡主席「維持現狀」的說法發揮了鎮定劑的作用，讓台灣民眾較不擔心蔡會像陳總統當年那樣隨意衝撞美中兩強的紅線。再一部分，則因為北京迄今除了幾個簡短評論外，還沒有真正出手。但任何人如果仔細研究北京的思想言行，恐怕都會得出跟葛來儀一樣的

「危機」結論。

筆者憂心的焦點略有不同。我相信從目前情勢判斷，只要台灣不走法理台獨，中共應不致對台動武。萬一民進黨試圖重蹈台獨覆轍，不僅北京，就連華府都會立即制止。所以法理台獨既已成為只嚇不咬的稻草人，蔡主席在華府做出的承諾應是可信的，起碼在她就任後的第一年內。

但今天問題的關鍵不是「法理台獨」，而是非常實際的兩岸溝通問題。這個問題因為不常在鎂光燈下，所以它的重要性遭到忽視。事實上，兩岸的溝通就像任何人際關係一樣，要破，只需一方；要立，卻要兩相情願。由於兩岸的爭議存在於最高的主權層次，所以能否溝通一直是件難事。如要溝通，必須先找到「你是誰，我是誰」的相互定位。九〇年代的「一中各表」以及馬時期的「九二共識」就是兩岸在這核心爭議上有創意的模糊妥協。

五月底「台北論壇」主辦了一場國內罕見的藍綠紅齊聚一堂的大型研討會。應邀來訪的國台辦前副主任孫亞夫指出，如果「九二共識、反對台獨」的基礎被破壞，兩岸的「協商就中斷，交流合作的環境就被限縮，涉外事務的問題就難處理」。這是迄今筆者看過對兩岸未來最具體的一種表述。其中最值得重視的就是協商可能中斷。

為什麼溝通協商那麼重要，現階段甚至超過法理台獨？那是因為台灣如果真的變天，即使新執政黨的承諾可以信任，兩岸關係還會有三個全新的震盪根源。第一在台灣內部。感性的「台灣人（不是中國人）認同」以及理性的「支持獨立」在近年不斷高漲，帶動了像太陽花、反課綱的運動。現在民進黨一直縱容甚至鼓勵它們衝撞政府，將來受害的就是民進黨自己及兩岸關係。更令人憂慮的是，這些所謂「天然台獨成分」也正在刺激大陸的民意，逐漸侵蝕迄今相當友善的對台觀感。將來如果雙方民意開始正面衝突，而新的政府與對岸沒有溝通，不能化解激情，兩岸走向對撞幾乎指日可待。

第二個震源是兩岸在政治、外交、經濟、文化上的諸多往來。海基會故董事長辜振甫有句名言，「兩岸無小事」。這幾年兩岸龐大的交流量衍生出不知多少摩擦、誤會、歧見、紛爭。它們經過馬政府及執政黨不斷地與對岸耐心的溝通後才化解於無形。將來倘若兩岸溝通中斷，這些層出不窮的摩擦與紛爭極可能小事變大事，讓執政者疲於奔命。

第三就是台灣外部的風風雨雨。由於美國與中國大陸的大國角逐、日本角色的抬頭及主權領土問題的敏感難解，台灣的國際大環境遠比過去複雜艱難。如果台海兩岸缺乏授權溝通，民共兩黨原本的戰略互疑將更加深，直接衝擊國家安全。

如果民進黨現在只等著勝選，不設法營建一個新的兩岸溝通基礎，也不肯承接「九二共識」，將來從這三大震源震出的各種「意外」必使兩岸關係持續動盪不安。而動盪的外部環境又將如何衝擊國內經濟？

或許台灣應該準備迎接一個新的「危機管理期」。

一〇四年八月二日・聯合報A14版

09 一個中國——在一與二之間

眾所矚目的民進黨主席蔡英文之美國行終於開始了。她到了華府以後迴避不了的關鍵問題就是「一個中國」。

這個名詞誕生於一九七二年美國與中國大陸的《上海公報》。四十幾年來它已成為絕大多數國家的既定政策。一位對台灣兩黨都十分友好的美國前任官員還曾在李登輝時期私下勸說：台灣最好不要試著撼動「一個中國」，因為它就像「一個上帝」一樣。

簡單地說，全世界現在針對「一個中國」有三種不同的立場。北京的主張是「一」。過去很長的時期它都說「世界上只有一個中國，台灣是中國的一部分」。自二〇〇〇年起，為了符合台灣「對等」的願望，中共把下半句改成「大陸與台灣同屬於一個中國」，但上半句仍維持「一」，至今不變。

第二個立場就是民進黨主張的「二」。不管是一九九一年的台獨黨綱，一九九九年的〈台灣前途決議文〉，或二〇〇七年的〈正常國家決議文〉，都使用同樣的關鍵句：「台灣是主權獨立國家」，也就是說，台灣不是中國的一部分，而是與中國分屬兩個不同的國家。

第三個立場介於「一」與「二」之間。這是今天大多數國家的政策，也是國民黨的立場。根據駐美代表沈呂巡的早年研究，各國政府在與北京簽署建交公報時，有的完全不提台灣定位，只談建交。談到台灣定位者，有的完全接受北京立場，如葡萄牙、玻利維亞等十國就「承認」(recognize)「台灣是中華人民共和國領土不可分割的一部分」或「一省」。

但也有不少國家雖然接受「台灣是中華人民共和國不可分割的一部分」，卻藉著不同的動詞把北京的立場打了個折扣。譬如，英、澳、紐、馬、泰等八國就使用法律意義及語氣均較弱的「認知」(acknowledge)，而不是「承認」。加拿大、巴西、智利、義大利、比利時等十五國說「注意到」(take note of)。日本與菲律賓表示「理解與尊重」(understand and respect)。荷蘭用「尊重」(respect)。美國不僅使用「認知」，而且使用較模糊的「台灣是中國的一部分」，而不是「不可分割的一部分」。

換句話說，這些國家都沒有百分百接受北京的一中立場。它們都是不同品牌的「一中各表」。

一九九二年國民黨與北京達成的「一中各表」共識，比上述國際品牌更模糊，因為它沒有單一文件，只用口頭表述。但由於「一中各表」與「一中」仍有連結，所以中共願意忍受，而這個「創意性的模糊」從此開啟了兩岸對話。

二〇〇五年起國共兩黨的「九二共識」，比「一中各表」還更模糊，因為北京一向堅持的「一中」字眼居然消失了。跟「一」與「二」之間的其他品牌相比，「九二共識」應是離

「二」最遠的。

現在蔡主席領導的民進黨依舊堅持「二」，拒絕「一」，也拒絕「一」與「二」之間的所有選項。這就使得民進黨不僅與北京遙相對峙，與各國也有差距。過去美國官方就曾多次公開表示「不支持台獨」，偶爾說「反對台獨」，有一次逼急了還直接說「台灣不是主權國家」。

接下來會發生什麼？許多人最擔心的是「二」會衝撞「一」，像當年的陳水扁總統那樣。蔡主席不久前說的「維持現狀」，是否暗示她承諾「二」不會再衝撞「一」，目前仍不清楚，需要她本人進一步釐清，而且將來還需要很多的作為與不作為來證明。畢竟陳總統當年溫和的「四不一沒有」沒存在多久就被激進的「一邊一國」取代了。

另一個可能當然是「一」會去衝撞「二」。這在過去也有先例，但自北京強調「和平發展」後，可能性已經降低很多。未來如果「一」與「二」僵持對立，摩擦不斷，誰也無法預測北京會不會改變心意。十天前美國國務院恢復多年前對北京經常做出的「彈性與自制」的呼籲，已露端倪。

各種跡象顯示，美國現在最擔心是第三種可能，即「一」與「二」之間會因為沒有連結而中斷對話。既然對話是兩岸現狀的重要組成部分，如果中斷，「現狀」自然就被改變。更糟的是，以目前美中關係的敏感性及兩岸關係的密切度來看，台海可能陷入難以管理的極不穩定狀態，甚至拖累攸關全球互動的美中關係。最近幾個月美國抓住不同的機會多次稱讚或呼籲兩岸「對話」或「溝通」，正反映它內心對將來兩岸對話可能中斷的焦慮。

如何讓「一」與「二」能夠找到連結點而繼續對話，應是蔡主席此行最大的挑戰。

一〇四年五月三十一日・聯合報A14版

10 流失中的兩岸政治基礎

兩岸關係是影響台灣最大多數人生活的政策、是馬政府六年來最重要的政績、也是當前東亞大環境中最安定的區域。但今天的兩岸關係似乎出現了重大而令人憂慮的變化。

兩岸政府間的互動越來越有「虛化」的傾向。馬政府的兩岸議程受阻於馬王關係、民進黨及學運等三重勢力而動彈不得。民進黨利用國民黨的衰弱，開始重新鼓動「台獨」的思維。而共產黨則陷入焦慮的政策檢討。這些都是前所未有的新變化。一般或許認為這是兩岸關係進入政治「深水區」的自然現象。但我們如果不了解「深水區」的意涵，以為未來一年半「船到橋頭自然直」，那麼翻船溺水的可能性就會存在。

簡單地說，兩岸關係大致可分五個面向，軟的有經濟與文化，硬的有軍事與外交，而政治則居於可軟可硬的中間位置。這五大面向固然相互影響，但最關鍵的還是位居中間的政治面。六十多年的經驗顯示，決定兩岸整體面貌的不是其他面向的起伏，而是政治面向的「和」或「鬥」。再深入看政治面，它其實是建立在六層由淺而深、由近而遠、由顯而隱的基礎上。馬政府過去六年和解政策之所以能夠成功，就是因為這六層基礎全都非常堅實。

最淺、最近也最明顯的一層是「九二共識」。它是國民黨內部的共識，也是國共之間的共識。國民黨執政後，兩岸政府就有了恢復談判的政治基礎，從而並發展出包括二十一項協議在內的經濟、文化、外交、軍事關係的全面和緩。

稍深一點的是「不統、不獨、不武」。它是馬政府的大政方針，意義超越兩岸關係、當然也高於「九二共識」。它不同於北京主張「統一」的大政方針，所以不是國共或兩岸共識。但由於兩岸與國際社會在過去六年都希望兩岸關係「穩定壓倒一切」，所以不論美中台，或國民共，對它都是不滿意，但可以接受。

再深一層就是「台灣的民心」。過去六年的民調顯示，儘管「台灣認同」的趨勢不斷強化，但大多數仍然支持兩岸和解。

第四層是「兩岸互信」。政治互信是個非常模糊但極端重要的概念。兩岸互信奠基於大陸對台灣「不搞台獨」的信心、台灣對大陸「不統、不武」的信心、兩岸高層的適切互動，以及兩岸各自對內部局勢的掌控能力。過去六年這個互信大致存在。

第五層是「兩岸實力對比」。雖然兩岸實力對比快速向大陸傾斜，但過去六年兩岸三黨基於不同考量卻刻意讓它隱而不顯，間接也有助兩岸穩定。

最深、最遠、也最隱晦的一層就是「國際因素」。過去六年國際社會非常明顯甚至不避諱地支持兩岸和解。原因很簡單：整個東亞海域的南南北北都出現日益洶湧的波濤，反而長期讓人擔驚受怕的台灣海峽風平浪靜、一片祥和。

可惜藍綠紅各自的認知盲點，經過日積月累，已經嚴重侵蝕了這六層政治基礎。馬政府長期自限於「經貿為主軸」的思維，沒有完整地向民眾說明兩岸和解的政治紅利、安全紅利及重大的國際紅利，使民眾一方面斤斤計較「讓利」，一方面誤以為「主權」受傷，以致兩岸政治基礎雖然保住第一二層，但第三及第四層的底土都已經或正在流失。

民進黨的問題更大。除了沒有積極建立最淺顯的第一層的談判基礎，還開始撼動第二層的「不獨」，誤認第三層的民心一定會向「台獨」轉移，漠視第四層的兩岸互信，甚至嚴重到錯估第五層中實力遠比過去強大的中共將來會倒過來尋求妥協。

至於共產黨的長期盲點就是，對「台獨」與「獨台」的過度而且不分輕重及虛實的恐懼，蒙蔽了它對中華民國長期現實存在的認知。如今「中華民國」已是藍綠分裂鬥爭中勉強可能存在的最大公約數，如果連「中華民國」都沒有空間，難怪兩岸政治關係難以前進。

眼看台灣的各種選舉逼近，藍綠紅的兩岸政策卻陷入不同程度的瓶頸，怎不令人憂慮！

一〇三年八月十二日・中國時報A14版

11 冒險、妥協、善意——辜汪會談的時代啟示

二十年前四月底在新加坡舉行的辜汪會談是世界級的大事。連續四天各國政府與媒體一起屏息矚目這場即將改變兩岸關係的盛會。當時任教政大外交系的我也決定前往一探究竟，增長見識。在新加坡幾天，我積極參加所有公開的活動。現在回想起來，當時看的頂多是熱鬧。真正的門道要到好幾年後才逐漸體會出來。

今天我認識到，二十年前的辜汪會談其實對當時台海雙方的領導人（尤其是台北的李登輝總統）都是最大的冒險。它是兩岸對立鬥爭四十餘年後達成的最大的妥協。各自也向對方展現了最大程度的善意。這三個「最大」能夠出現，固然有當年特殊主客觀環境的因素，但更重要的還是兩岸雙方的主觀努力。

最大的冒險

辜汪會談的源頭必須追溯到蔣經國總統逝世前後。一九八七年十一月二日，也就是經國先生逝世前兩個月，他開放台灣部分民眾赴大陸探親的決定，替後來初任大位、立基不穩的

李登輝總統掃除了兩岸和解新政策的障礙。根據後來陸續披露的資料，李上任才三個星期，一九八八年二月五日，北京基於李曾在二戰後參加共產黨的經驗，就積極派人接觸住在香港的國學大師南懷瑾，希望由他向李牽線。經過兩年多的相互摸索及建立互信，南老於九〇年九月返台面見李登輝。十二月三十一日李登輝就派他最親密的貼身祕書蘇志誠赴香港與大陸代表在南老寓所進行第一次會面。至九五年康乃爾訪問及飛彈試射為止，兩岸密使在兩邊不同地方密會了二十七次之多。

密使會的實現，主要是因為台灣與大陸的大小環境都發生重大的質變。在台灣部分，蓄積數十年能量（當時台灣與大陸GDP對比是一：三）的台灣民眾渴望走出台灣，迎向中國大陸，也走進全世界。李登輝就任伊始，很想藉著開創性的作為來鞏固權力。美國又於九二年八月同意出售F－16高性能戰機給台灣，增加了中華民國朝野的信心。在大陸部分，因為天安門事件而遭到國際制裁的中共，希望藉著把台灣拉上談判桌，一則有利於推動和平統一的大工程，二則吸引國外資金，三則改善國際形象。所以台海雙方都有足夠的誘因推動關係的解凍。

然而兩岸前後由八八年二月起步到九三年五月，整整走了五年的時間才在公開場合見面握手，可見自一九二一年中共建黨起長達七十餘年的國共鬥爭，在雙方留下了多深的創痕，累積了多大的不信任。這個背景讓雙方即使避開鎂光燈都依然小心翼翼，步步為營，不敢輕易犯錯。有趣的是，北京方面比較按體制辦事，所以北京密使在五年間因為職務調動而變換了好幾人。但據了解這些人在康乃爾事件後還是在內部承受很大的指責與壓力。

台灣方面冒的風險更大。李登輝執政初期，國民黨內政爭波濤洶湧。在野民進黨的挑戰日益尖銳。民間各種自動自發的聲浪也四處湧現。所以李登輝五年間始終單線領導，獨裁決策，不敢知會黨政體系的任何人。可見他非常清楚兩岸的祕密接觸在當時台灣內部政爭的氛圍下根本不能曝光，而如果曝光，對他而言絕對是不可承受的重。

最大的妥協

雙方在九二年六月決定讓辜汪兩老在新加坡公開會面。此時李的國內地位已趨穩固，可以試著讓新的兩岸關係接受民主化中的台灣民意檢驗。既然公開，雜音必然增加，困難必然加大，雙方內部及彼此之間的妥協就需要更大的技巧。

中共內部當時如何求取平衡，外界迄今所知不多。台灣內部的過程則因民主化而幾乎大部分都攤開在陽光下。最具有指標意義的就是李登輝成立國統會，廣泛納入國民黨內部不同力量、民進黨及社會菁英，然後再由國統會草擬完成《國統綱領》，成為大陸政策指導原則。《國統綱領》是一個標準的妥協文件。當時執政的國民黨內大致分為「反共統派」及「反共維持現狀派」。《國統綱領》字數不多，文字有相當彈性，以國家統一為目標，但設定近程（交流互惠）、中程（互信合作）、遠程（協商統一）等三個階段，而當時的兩岸關係被認為還在近程階段。至於統一談判要到大陸「政治民主化」及「經濟自由化」以後才開啟。這就同時滿足了統派及維持現狀派的需要。大陸許多人在當時還直指《國統綱領》是「假統綱領」。

有了《國統綱領》的階段性內部共識及隨後「關於一個中國的涵義」決議，台北執政黨就有立場，可以與中共進行四十餘年來第一次的政治談判及妥協，而且談的正是最核心、最關鍵、也最棘手的主權問題，或稱「一個中國」問題。

求取兩岸共識的困難度，比起凝聚台灣內部共識，可說只有過之而無不及。這就是為什麼九二年經過多次協商，才在十一月中旬透過函電往返——而不是一般常見簽署單一文件的形式——相互同意以各自口頭表述來表達彼此對「一個中國」的看法。這個後來被稱為「一個中國，各自表述」或「一中各表」的微妙妥協，是兩岸鬥爭四十年來的第一個政治妥協。這個結一打開，前往新加坡辜汪會談的道路立刻平坦起來。迄今我官方多次重申「一中各表」，而中共絕大部分時間都保持既不承認也不否認的態度。據曾多次參加九〇年代兩岸兩會商談的我方人員透露，每次會談開始，兩會負責人都會先宣讀己方對「一個中國」的定義。行禮如儀的宣讀完畢，商談才進入真正議題。

最大的善意

在辜汪會談前，由於雙方在祕密管道已經累積了不少互信，彼此雙方都願意做些讓步。資料顯示北京對台北單方面的讓步特多。譬如在兩件延續至今的重大事情上，大陸都配合台灣。一、針對兩岸談判機制，台灣在九一年初率先成立官方的陸委會，再成立「民間的」海基會，以擔任白手套與中共握手。大陸猶豫了十個月才配合台灣的設計成立了海協會，算是認同台灣方面對談判機制的構想。二、針對議題，北京原本希望依照它在國際上多年談判的慣例，先談原則再談細節，先談大事再談小事。但台北卻希望由小事談起，循序漸進。北京也同意接受。一直到今天馬政府時期仍是如此。

此外，依照李登輝的回憶錄，舉行辜汪會談這件事，以及選擇新加坡作為地點，也都是由我方在密使會中提出建議而北京接受。如果再深入檢視辜汪會談的諸多重要細節，更看得出來大陸一直在許多地方善意地配合台灣的需要。

大致說來，有兩個大原則貫穿當時國民黨處理兩岸關係的思維，那就是「民主」與「對等」。「民主」表示必須對民意負責；「對等」表示兩岸必須平起平坐、平等相待。這兩大原則透過海基會副董事長邱進益與海協會副會長唐樹備在預備性磋商時鉅細靡遺、不厭其煩地琢磨，後來一一體現在國際矚目的辜汪會談上，也大大提升了當時台灣的國際地位與形象。

譬如，為了滿足台灣民意需要，雙方同意不僅每天要舉行記者會，還要是聯合記者會，而且每天要有三次記者會（中午、傍晚及晚餐後），以滿足不同媒體的時段需求。這個做法非常不符合國際慣例，也不一定有利於達成協議，但台灣既堅持，大陸就配合。在記者會上，為了「對等」，誰先誰後發言、使用時間長短，都有講究。

又如，談判雙方一定在長桌兩邊對坐。談判開始前，辜汪兩老必定起立、伸手隔桌互握，笑容可掬地同時面對一端、再同時面對另一端的幾十個攝影機。這個動作呈現在電視螢幕上或報紙版面上，就是兩岸對等的畫面。

再如，簽約儀式的學問更大。任何協議本都有正體字（大陸稱繁體字）與簡體字版本。文本上的日期只有「月」、「日」，沒有「年」，以便各自填上「中華民國八十二年」與「公元一九九三年」。依中國傳統慣例，座位以右為尊。為求「對等」，台灣堅持辜汪兩老必須在簽約的過程中互換座位，以免任何一老獨占簽約桌子的右手位置。又因為雙方其他團員人數眾多，不方便隨著兩老在簽約台上移動，所以，簽約時有一半的時間就會出現一幅十分怪異的畫面。那就是辜老在前坐著簽字，身後站著微笑的卻是汪夫人、唐樹備及其他大陸官員；而汪老身後卻站著辜夫人、邱進益及海基會成員。這幅畫面堪稱全球獨步，絕對是國民黨領導的台灣，追求與共產黨統治的大陸「對等」最極致的一幕。

台灣方面也有少許讓步。據實際參與的權威人士說，關於雙方相互宴請的事，台灣同意大陸先做主人，台灣再設答謝宴；在會場，辜老先赴汪老的休息室拜會，汪老再回拜；簽約時，汪老先坐右手邊，再與辜老互換座位等等。

一九九五年康乃爾訪問後，兩岸兩會商談中斷了三年之久。九八年恢復以後，這些「民主」與「對等」的戲碼統統不見了。兩岸兩會不再召開聯合記者會，而是分別開記者會；在大陸不再有隔著長桌握手的設計，而是坐在會客室U形沙發上，或擺出數個小圓桌會客；當然因無約可簽，就不再有互換座位的必要。

西元兩千年起兩會商談再中斷八年。等到二〇〇八年重啟協商時，兩岸互信終於大幅增長，交往經驗也大幅深化。雙方互動就少了很多矯揉造作，多了幾分從容自在；少了不必要的戒心，多了幾分尊重。

回首過去，今天的收穫都是昨天辛苦栽種的成果。沒有辜汪兩老的溫文儒雅及舉重若輕，辜汪會談不可能那麼迷人。沒有海基會與海協會眾多工作人員的無比耐心與努力，整件事不可能那麼順利圓滿。沒有兩岸當時領導人的膽識與自信，也不可能讓不能想像的兩岸和解成為事實。因為這麼多人的努力造就了辜汪會談的成功，兩岸機會之窗很快就打開，直接促進民間的人錢貨資訊的交流，讓兩岸經濟都持續繁榮。與大陸相比，台灣的收穫可能更多，因為九〇年代上半期的兩岸和解結合了民主化、務實外交與經濟快速成長，創造了政府遷台以來台灣內外情勢最輝煌的時期。李登輝總統不僅得以訪問菲、泰、印尼等無邦交國，最後還順利當選中華民國首位直接民選的總統。

這一切證明事在人為。智慧、膽識、團隊，加上一定的內外條件，曾經成就了辜汪會談，將來當然也可以為兩岸關係繼續寫下和平發展的新頁。

發表於海基會《交流》月刊四月號
一〇二年四月・交流・第一二八期

12 主權問題的迷思

當今許多民主先進國家的政府首長普遍聲望低落，深究起來，主因之一就是現今政府仍然習慣性地用國家手段來解決那些看似本國、實已跨國的諸多問題。結果當然效果欠佳。換句話說，跨國合作仍太少，不是太多。

所以台灣今天積極與各國合作，固然理所當然；與近在咫尺，且經貿文化密切交流的中國大陸商談合作，尋求兩利之道，更是天經地義。一味強調主權，或擔憂主權受傷，反而違反當前全球化趨勢，並傷害台灣利益。

再說，過去三年我們的主權何處受傷？前副總統連戰已經三次代表馬總統出席亞太經濟合作會議的年度高峰會。如所周知，這是我國歷年參與的最高層級。我衛生署長已經兩次赴日內瓦以部會首長（Minister）名義，參加世界衛生大會。二〇〇八年北京奧運，中共放棄多年以「中國台北」的名稱來稱呼我代表隊，而改用我們慣用的「中華台北」。二〇〇八及二〇一〇年我國還兩次爭取到中斷多年的軍購。此外，我國還在二〇〇八年加入了每年採購金額將近一兆美元的政府採購協定（GPA），為國人在金融風暴的惡劣大環境中開拓商機。

這些及其他許多例子都證明：我國主權不但沒有流失，還比以前更加穩固。

弔詭的是，現在共產黨和民進黨卻不約而同地操弄台灣民眾對主權問題的恐懼感。共產黨用飛彈製造恐懼，民進黨的部分人士則努力在任何時間、從任何角度、把任何議題都操弄成恐嚇台灣將喪失主權，兩者都不利於兩岸關係的和平發展。

兩岸主權問題冰凍三尺，非一日之寒，要化冰，當然也不是一蹴可幾。目前阻礙兩岸關係正常發展的，反而是針對主權問題所人為製造的恐懼感。袪除它，各方都有責任。

馬政府要做的是，對主權流失的謬論要正面積極駁斥，讓一般民眾了解，兩岸談判與交流其實讓國家主權更加穩固。

在野人士在製造恐懼之餘，也應提出解決問題之道。如果沒有更高明的方法，只不停鼓吹恐懼，那就會讓台灣恐懼更加深，實力更消退。這絕不是愛台灣之道。

至於中共當局也要了解，人為的恐懼是兩岸關係的阻力。過去三年中共對台展現的善意才是助力。如果北京敢於展現更大的善意，減少不必要的恐懼，就更能凸顯大國的自信，也更能拉近兩岸關係。

以當時兩岸敵對矛盾之深，在一九九二年尚能達成共識，擱置爭議，創造雙贏。如今主權問題在台灣撕裂社會，傷害經濟，已超過十年。為了台灣民眾的福祉，兩黨政治人物更應該盡速尋求共識，移除這個妨礙台灣進步的大石頭。

一〇〇年四月七日・聯合報A2版

13 兩岸需要同情的相互理解

最近平靜的台海激起一些小水花，黃海與南海則激盪出大水花。後者對台灣雖有影響，但前者的餘波更值得我們重視。

簡單地說，過去兩年兩岸關係的成就是因為雙方能夠「求同存異」。而這次在軍事議題上的意外摩擦及針對「九二共識」的討論，則是因為雙方在剛剛完成「求同」最新也是最大的成就後立即突出「差異」，在人事時地皆不宜的情況下碰觸到彼此內部的敏感地帶。

但是差異是否存在？答案是當然存在，誰也不能否認。只是相關人士可能忘了，從「存異」走到「化異」必須有個過程，不可能一蹴而就；尤其在完全民主化的台灣還必須有一定的社會及政治基礎，絕不可能少數人說了算。回顧這兩年完成的直航、觀光、金融、智財等經濟類協議，從來都不只是少數人的功勞，而是累積了長時間的溝通，形成大多數人的共識以後才誕生的。

那麼「化異」的過程是否應該啟動？筆者認為當然應該，而且也必須。消極地說，台灣不可能永遠迴避兩岸在主權、國際空間、軍事議題上的重大歧異。即以軍事互信為例，美國政府在過去一年即已兩次表態鼓勵。而積極地說，如黃海與南海的大水花所顯示，這些非經濟議題正在加速衝擊台灣的周遭環境；面對它們、處理它們，反而可以讓台灣更好地掌握自己的未來。而在兩岸最新的經濟互利互惠的基礎上討論這些難題，雙方也必然可有較大的相互諒解空間。

不過正如經濟類協議的形塑過程一樣，「化異」必須有一個時間的流程，也必須透過大範圍的、公開或半公開的交流，不應該私相授受。台灣各個政治力量也都應該盡量務實參與。等成熟到一定程度再透過談判及既定的民主程序完成最後結論。如果成功，這將會是台灣民主經驗的最高境界，必將在世界史上大放異彩。

但是這次台海小水花提醒我們，如要「化異」順利進行，兩岸內部深層的若干認知盲點必須盡快消除。我們必須承認，因為兩岸的隔閡具有一百多年的歷史背景（一世紀前的交通不便，半世紀多前的日本殖民，以及半世紀內的冷戰隔絕），所以今天雖已彼此認識，卻仍然不夠理解對方。

至今大陸對台灣的主要盲點有：理性上以為百年冰凍可用兩年化解，或認為「讓利」已足以爭取台灣民心，或覺得在台灣只需抓住少數人就可以談成任何爭議性高的政治議題。在感性上，大陸還必須從內心深處體會台灣人民對自己獨特存在的尊嚴，對自己創造經濟奇蹟及政治民主的驕傲，以及對自身惡劣環境的無奈及恐懼。

台灣對大陸的盲點在：理性上不承認中國大陸已經崛起為大國的事實，或者雖承認卻不夠理解它對東亞情勢造成的衝擊，或者只關切自己內部的需要而故意「寧硬勿軟」，卻忽視大陸內部同樣極其複雜的決策環境與巨大的各種挑戰。在感性上，台灣也要體會大陸與台灣一樣都有相當微妙的心理：昂首世界的尊嚴，三十年改革開放成就的驕傲，以及對內部問題可能失控的恐懼。

兩岸關係此刻正進入一個全新、具有更大挑戰的階段。如為兩岸繼續和平發展著想，雙方應該繼續「求同存異」，先交流後談判，同時試著拋棄一些舊思維、老習慣，改用同情的理解來看對方，用更大的耐心、智慧及務實態度來準備將來「求同化異」。

九九年八月十四日・聯合報A4版

台灣的大陸政策

01　蔡總統新轉折的風險

六天前蔡總統在幾小時內接連對法新社及台灣民主基金會發表談話。兩次她都直呼「中國」，不再使用「中國大陸」，似已不在乎「中國」一詞隱含的「一邊一國」含意。她還呼籲國際社會上「志同道合」的國家共同「制約中國」。這樣同時跨越憲法及國際兩條界線，擺開與中共長期對抗架式的新轉折，我們必須正視。

蔡總統這兩年的新路線大致依靠所謂「台灣新民意」及美國兩大支柱。現在她的國內支持度低檔徘徊在三成上下已經超過一年之久，在年輕族群中跌得更低。所以「新民意」早已隨風而逝，只剩美國獨腳支撐她的新路線。蔡總統因此必須強力向美國尋求支持。問題是，美國會照辦嗎？會不會「我本一心向明月，奈何明月照溝渠」？

從過去兩年台北官方與親綠媒體的言論看，抗中的台灣似乎一直只聚焦於台美關係，鮮少關注美國內部的政治經濟社會的發展以及它整體內外政策的動向。台灣過去這樣以管窺天曾經吃過大虧。二〇〇一年四月「南海撞機」事件發生後，小布希總統對北京聲色俱厲。自以為機不可失的陳前總統立即放棄他穩健的「四不一沒有」，轉而向「一邊一國」大步邁進。不料同年「九一一」事件爆發後，改以「反恐」為最新優先的華府再度交好中共，頓時讓已暴露台獨動機的陳前總統孤立無援，兩頭落空。

尤其今天的美國已經不是我們熟悉的美國。半年前筆者曾經為文說明美國現在的「四分化」：社會上貧富兩極分化，政治上左右兩翼分化，政府內部上下兩端分化，而外交則是人我分化。入主白宮一年半的川普總統還在這「四分化」的情況下公開而且毫不忌憚地「顛覆」(「改變」兩字已不足形容）美國幾十年的現狀，整個美國內政外交因此都處在高度不確定的狀態。

我們真的希望蔡總統已經看透這個新美國而且確定以下三點。第一，「四分化」的美國真的能夠凝聚出與中共「全面對抗」的政策共識？在這個共識下願意力挺台灣與中共攤牌？並在最壞的情況下付出重大的代價？論實力，今天的中國大陸已非當年的吳下阿蒙。論意志，台灣對美國的戰略價值，遠不如對中國大陸的戰略、民族感情、政權存亡的綜合價值。美國固然對中共崛起感到集體焦慮，但是否願意從現在看似熱鬧的「貿易戰」跳好幾大步到「全面對抗」，實在大有疑問。

第二，蔡總統能確定她目前仰賴甚深的美國國安會、國防部及部分智庫的親台友人會長期在位，永遠幫得上忙？日本及印度在美國政府上上下下的朋友難道比台灣少？但它們都知道，跟一個不斷有選舉、政黨在惡鬥、人事及政策常常突變的超強固然要打交道，但跟一個領導高層穩定、人事及政策可預測性高的崛起大國也要交朋友。這就是為什麼安倍要積極與北京謀和，而莫迪要去武漢與習近平進行兩天「無議題」會面的原因。蔡總統難道相信自己比日印更能掌握善變的美國政情？

第三，蔡總統真能確定美國對台灣的關愛會等同或超過它對英國、德國、法國、加拿大、日本、南韓等等盟邦的友誼？這些國家都是美國長期「志同道合」的老友，但它們都被川普的「美國優先」搞到幾乎公開翻臉。北京清華大學閻學通教授形容得好。他對美國媒體說，「當年美國攻打伊拉克時，三十四個國家願意一起出兵。現在能有五個就不錯了」。蔡總統真能確認台灣不會被「美國優先」掉嗎？

疑問非常多，限於篇幅不能一一表述。我們擔心的是，蔡總統可能重蹈當年陳前總統自以為機不可失的誤判，把台灣帶到一個危險的方向。

今天東亞各國（甚至北韓）都在走緩和的道路，既與美國也與中國大陸交往。只有台灣逆勢而行，堅拒化解兩岸矛盾，只一味依靠遙遠的美國。殊不知美國情勢一旦有變，台灣立將兩頭落空。

蔡總統希望北京「認知自己在區域內的責任」。台灣何嘗沒有責任？台灣還更應該加倍思考自己的籌碼及禍福。不自量力，逆勢而行，絕非東亞之福，更不是台灣之福。

一〇七年七月一日・聯合報A12版

02 鬥、拖、和，或「經美制台」

三年多前筆者曾在此園地多次提過，兩岸關係只有三條路走：「鬥」、「拖」、「和」。其中「鬥」是死路一條，因為兩岸力量對比日益懸殊，而大陸全國全民追求統一的意志無比堅定。「拖」只是被動等著被終結。

兩者都不如「和」，也就是透過平等協商，做出某種安排，不僅兩岸可以較長時間安於「不統、不獨、不武」的現狀，台灣還能較好地掌握自己的前途。後來筆者加入由施明德前主席領銜的跨黨派七人小組，聯名提出「大一中架構」的主張，試以「和」為兩岸解套。

這些年經常在不同場合與跨黨派的產官學及立委談到這個敏感話題。絕大多數都同意「鬥」難以取勝，而「和」儘管較為理想，實際卻非常困難，不僅兩岸間困難，台灣內部更困難。所以結論常常是：就「拖」吧！

拖了三年多，北京的對台政策已經從「反獨」走向「促統」。過去因為重點在「反獨」，所以它能夠忍受馬前總統的「不統、不獨、不武」。但現在一方面蔡總統積極推動「緩獨」，一方面大陸的實力與信心上升，所以習近平主席在去年七一黨慶的講話中，就首度把「解決台灣問題、實現國家統一」連結到「中國夢」以及「兩個一百年」的目標裡。其中「中國夢」固然一直隱含台灣，但「兩個一百年」的概念在二〇一二年十一月習首次提出時，原本只涉及大陸內部發展（即在二〇二一年「全面建成小康社會」，在二〇四九年完成「社會主義現代化國家」），並未涉及台灣。經過習的最新連結，解決「台灣問題」的時間表首度出現，其中建黨百年的二〇二一年更是近在眼前。換句話說，「拖」的盡頭已看得見。

另外，由於這個連結，北京對「不統」的容忍度也降低。既然台灣社會不願意「和」，只想要「拖」，蔡政府又選擇「（暗）鬥」，而北京高層暫且不想武力統一，所以它就在「鬥」、「拖」、「和」之外選擇第四條路，那就是「經美制台」，也就是「超越台灣解決台灣問題」。這條路本小利多，既可避免流血，又可對台灣民心發揮最大效果。如果這條路走不通，最後不得已訴諸更嚴厲手段時，對美台也算「仁至義盡」。

跡象顯示，「經美制台」已經上路。美國國務卿提勒森從今年三月在北京會見習近平起，到八月已經五次提到，「美中兩國正在認真思考如何定義未來五十年的美中關係」。這顯示美中可能已在這件事上試行溝通，而且美方非常重視，才再三公開提及。提勒森一向被認為較接近「主流」，在反中的首席策略師巴農去職後，他在川普政府的分量應更強化。

任何人都會猜想，美中最新對話的籃子裡一定有個「台灣問題」。表面上蔡政府若無其事，迄今沒有任何公開反應。實際上據美國友人相告，具有民進黨代表性的重要人士早已半公開地哀告美方，台灣有人聽到提勒森的談話後「頭髮都要燒起來了」（hair on fire）。顯然蔡政府明白問題的嚴重性，但怕衝擊台灣內部的輿情，只好故作鎮定。

深究起來，禍源不在美國，也不完全在中共，而在台灣內部。講白了，就是蔡政府默默推動的「緩獨」。它步伐雖緩，但沒人會否認方向是「台灣獨立」。這就刺激了習近平領導層，使得原本並不急於兩岸統一，並樂於慢慢爭取台灣民心的北京政府，必須提升緊迫感，從軍事、經濟、政治、外交等方面加強打擊台獨的力度。此時被北韓困擾而高度焦慮的川普政府，為了尋求中共支持，又鑑於美中的東亞實力已進入黃金交叉的節骨眼，自然樂意坐下來商討未來美中關係的新架構。台灣前途因此就脫離自己的掌握，變成由兩強決定。

上述邏輯隱含了一個兩岸公式：一、台灣越獨，大陸就越統。二、統獨越拉扯，兩岸就越緊張。三、兩岸越緊張，國際因素（如美國）就越關鍵。四、國際因素越關鍵，台灣前途就越繫於台灣不能掌控甚至理解的眾多外部變化（如美國內政、大陸內政、美中關係、北韓、中東等）。如果台灣不獨，這公式從頭就不會成立。但台灣越獨，就越會任人宰割，最後仍獨不成。

聰明的台灣到底要怎麼選擇？

一〇六年八月二十七日・聯合報A12版

03 沒有馬英九的馬英九政策

新的年度才開始，蔡英文總統就陷入國內外困境。年底多個民調更讓她在幾個政治人物中間墊底，連一向比較支持民進黨（尤其是蔡總統）的年輕人及中南部選民都開始對她反感。為什麼？

她的困境與她的風格及政策都有關係。從就任伊始，她好像就要刻意把自己塑造成一個「強人」，一個「軟弱無能」馬英九的反面。這就好像當年馬英九刻意把自己的清廉無限上綱，以突出他與陳水扁貪腐的對比一樣。

這個做法原本無可厚非，因為台灣作為一個只有天災、沒有天然資源，強鄰環伺，又曾被殖民的海島，不安全感原本就比較沉重，渴望「強人」領導的願望也特別強烈。馬英九過度重視個人品德，忽略國家領導人應有的氣魄與擔當，事事退讓、時時道歉，待人從寬，律己（及府黨）從嚴。到第二個任期，他的「溫良恭儉讓」已在民眾眼中累積成「軟弱無能」，讓好不容易從陳水扁衝撞時期恢復安全感的台灣民眾再次感到不安。所以蔡的「強人」藥方是對的。

問題是「強人」該做對的事；做錯事，後果更糟。迄今她的內外政策都極有爭議。而她為了展現強人強勢，又堅持咬緊牙根，經常寸步不讓，問題當然就越來越大。

在國內，她的施政重心好像從來不是「生產」，而是「分配」；不努力把餅做大，只忙著分配大餅，結果當然是順了姑意失嫂意。自二〇〇〇年開始，台灣的經濟成長就一直落後於除了日本以外的所有東亞國家。台灣今天不僅對南韓望塵莫及，連菲馬泰等國都快速追趕上來。

一般民眾感受最直接的就是長期的低薪。蔡總統上任二十個月，民眾不但沒看到這個頹勢被扭轉，甚至沒看到她提高國家生產力的努力。蔡政府及整個民進黨好像突然改奉社會主義，仿效中國共產黨當年在大陸掌權初期全力清算異己的做法，只差沒有流血。這種強人作風固然滿足了一些基本群眾的情緒，但更關心「生產」的中間選民，甚至年輕人及中南部民眾，都失望了。

她的「強人」手段還相當粗糙無情。蔡英文的所謂「轉型正義」比起南非曼德拉的「轉型正義」，相差不可以道里計。南非當年種族隔離的「不正義」遠遠超過台灣的所謂「不正義」，但曼德拉依然本著包容與和解的精神，著眼於未來（而不是過去），採取溫和的方式一步步轉型。反觀蔡政府，嘴裡說著「謙卑」與「和解」，卻急急忙忙動用立法、司法、金融、媒體、教育等手段，有時甚至不顧「不溯既往」或「無罪推定」等基本法治原則，強把權力完全集中在自己的手上。在內部如此分化人民，區分敵我，豈能不影響國內團結，乃至國家安全？

雪上加霜的是，蔡總統的對外政策雖然口說「維持現狀」，實際卻回到冷戰時期的「不接觸，不談判，不妥協」。她在中國大陸思想集中、力量快速崛起的時候選擇唯一對抗，在美國思想混亂、力量分散的時候選擇緊緊靠攏。環顧全世界，尤其東亞，這是何等「出眾」的戰略眼光！

在兩岸重大危機沒有爆發之前，戰略選擇的錯誤還可以掩飾，但民間已經迅速感受到「現狀」被破壞的惡果。現在兩岸之間，無論貿易總量或人員往來人次，都幾乎等同於台灣與美日兩個大國加起來的總和。民間的需求如此龐大，放到任何民主國家，政府都會透過多元管道，想盡各種辦法加以照顧。但蔡政府居然視而不見，不替民間解決問題，反專注於自己對抗型的意識形態，當然在台灣累積出居高不下的民怨。

國內人心如此渙散，國力如此疲弱，對岸敵意如此上升，國際友我力量又如此混沌，台灣民眾內心的不安全感怎麼可能不浮上來。蔡總統的聲望怎麼可能不掉下去？

馬前總統八年在國內以禮相待在野黨，謹守民主法治原則，在國外明確推動「和陸友日親美」的政策，試著把兩岸關係的「機會極大化、威脅極小化」。因此一直深受包括美中在內的國際社會肯定；在他風格缺陷暴露以前，在國內也得到很大的支持。

經過一年多的實驗，蔡總統的風格強勢有餘，政策卻嚴重偏差。或許該是考慮實行「沒有馬英九的馬英九政策」的時候了。

一〇七年一月十四日・聯合報A10版

04 希臘荒謬劇的啟示

拖了好多年又喧騰將近半年的希臘債務問題透露出該國嚴重的民粹習性，值得在台灣的我們深刻反省。

以反撙節為號召的希臘總理齊普拉斯上台前後一直以民粹手段操作國內政治及對外關係，企圖以民意作後盾，逼迫眾多債權人放寬對希臘的貸款條件。但十三日的最後協議公布後，外媒的一致結論是，齊普拉斯的堅持只換得比原來更苛刻的條件，可說是「一敗塗地」、「棄械投降」、「遭到嚴懲」。《華盛頓郵報》的社論更直言：這是德國總理梅克爾以行動向希臘表示，「民粹得不償失」。

如所周知，台灣這十幾年也是民粹罩頂。人民的言論自由了，意見的表達更加熱烈而多元，但這些意見卻很少整合出能夠解決問題的方案，以致國家競爭力嚴重衰退。應該整合政策意見的政黨、立法院及大眾媒體，似乎都沒有盡到它們應該為全民謀福利的重責大任。即使最有能力為國家謀求長遠大計的政府也經常被短期民調牽著走，向喧鬧的少數傾斜，而忽視了沉默的大多數。

台灣與希臘還有一個共同點，那就是誤以為民粹習性拿到國外也照樣行得通。齊普拉斯挾全民公投，進行與歐元區的談判，其動因即在於此。

不幸的是，國內與國際根本是兩個性質完全不同的場域。在國內，不管政治體制為何，總有一個單一的中央權威，根據法律、習慣，或共同價值對個別國人或團體做出獎勵或處罰的決定，甚至包括使用暴力（如死刑或動用軍隊）。但在國際社會，自有人類以來就不曾存在過這樣的單一權威。國際爭執從來都是經由各國協商解決。如果協商不成，也沒有任何權威可以阻止相關國家採取暴力或其他高壓手段以貫徹它的意志。現在好似高高在上的「聯合國」其實只是一個較大的合議場所，而所謂的「國際法」也是徒法不足以自行的參考規範，從來不曾拘束有決心的大國。

說穿了，國內民意放到國際場域中，立刻失去它的「神聖性」。原因很簡單，每個國家都有自己的民意。國際社會之所以衝突不斷，正因為不同國家的民意經常是不一致的。這時決定結果的當然就變成爭執各方的實力對比。說句諷刺的話，如看民意，恐怕也要看實力較強國家的民意，而不是較弱一方的民意。這次希臘遭逢的奇恥大辱正是這個國際定律的寫照。

過去幾年民進黨的眾多菁英充分明白「台獨」拿到國外一定撞牆的道理，但沒有人敢向他們的支持者講真話，反而常用民粹手段把兩岸議題操作得虎虎生風。反觀執政者竟也不敢面對民粹，明明有權卻不敢以權引勢，明明有理卻不敢大聲說理，以致對台灣有利又廣受國際讚揚的兩岸和解政策不僅舉步維艱，在國內論述市場上也節節敗退。

現在有心執政的民進黨好像突然領悟昨非今是，轉而向馬政府的「維持現狀」靠攏。但民粹當道多年已經讓台灣及國民兩黨三敗俱傷。下任總統必須面對遠比七年前更複雜艱鉅、風險也更高的大環境。

展望未來，兩岸關係應該不出「鬥」、「拖」、「和」三條路。希臘的荒謬劇告訴我們，「鬥」的結果極可能一敗塗地，而「拖」的結局還會更糟。最好的辦法還是在局勢繼續惡化前設法在兩岸間取得「和」的平衡點。這就需要執政者勇於摒除民粹，向民眾誠實說明和解政策的必要性。只有這樣，台灣才能繼續生存繁榮，趨吉避凶。

一〇四年七月十八日・聯合報A19版

05 台灣應清楚打出「和」的品牌

熾熱的選情讓人不小心就被灼傷，但我更關心的是熾熱選情下的冷漠。這冷漠反映的早已不是對哪個政治人物的失望，而是對兩大政黨的厭惡、對媒體的厭煩、對包括立法院在內的公權力的不滿、甚至對民主制度的信心。

是的，民主制度。二十幾年前台灣剛走出威權，大家對民主制度充滿憧憬，對台灣的未來充滿希望；認為「一人一票」的「多數決」可以「選賢與能」，自由的媒體可以還給民眾「知的權利」，而政黨競爭則可以避免腐敗，帶領國家長治久安。

這些年我們痛苦地發現民主的實踐與理想的差距是何等的遙遠。實踐證明，公開的「多數決」常常抵不過密室的「少數否決」；賢能人士不但逃避選舉，甚至拒絕服務公職；媒體的自由競演化成不負責任的特權，給予民眾的也常常不是知識、而是偏執；在社會、在社團、在校園，「一人一票」的選舉最後只製造更多的分裂、更少的情誼；而政黨競爭非但不能完全消除貪腐，反而成為經濟成長的主要障礙。過去被認為是「民主模範生」的台灣，曾幾何時給外國最深的印象竟然是眾聲喧譁、一事無成。

更糟的是，現在屋漏偏逢連夜雨，台灣除了民主失能，外部的大環境也在快速惡化。從最近東亞情勢的變化來看，台灣的經濟在未來幾年將會越來越邊緣化，而台灣的國際形象也難以提升。同時，一個分裂的台灣，還將面對權力集中、思想集中、意志集中的北京，以及內部同樣分裂而且不願意與中共直接衝突的華盛頓。

如果台灣不認清當前民主失能及大環境惡化的雙重困境，還以為「只要我喜歡，有什麼不可以」，台灣的前途恐將堪慮。過去台北常以「民主假期」為藉口，玩弄進出紅線的遊戲，讓美中兩國疲於奔命。那個階段恐怕已經一去不復返了。現在實力大增的中共在世界多處與美國利害糾結。最近APEC會上雙方就表示要努力「管控好分歧，做到不衝突、不對抗」（習近平語）或「盡可能降低分歧」（歐巴馬語）。作為最可能刺激美中衝突的台灣，千萬不要誤認華府或北京會再容忍台北操弄或跨越紅線。由於台灣的大選後恰好是美國的大選前，美國尤其不會希望自己選前還要處理困難的台海問題，所以美中很可能在台灣大選前就做好管控選後變局的準備。

因此下星期勝負揭曉後，我們更關心，惡鬥成性的兩大黨會不會只顧贏得大選，而不顧輸掉國家。其中占據關鍵位置的是六年來持續以「鬥」為內外品牌的民進黨。它是當前全世界唯一不接受「一個中國」概念，甚至還時時向它挑戰的政黨。過去幾年國民黨尚可作為緩衝。但明年民進黨如仍不轉彎，必使美中啟動「管控」，最終讓台灣直接與美中碰撞。

鑑於內外環境的同時惡化及時間的緊迫，筆者以為此刻台灣的唯一出路就在清楚打出一張「和」的品牌。對外，台灣要的是「和」，而不是「鬥」。在國內，兩大政黨也該在競爭中尋求「和解」。而且內和與外和必然是互通的，不可能外和內鬥或外鬥內和。

本來「和」是馬政府執政初期的品牌，贏得國內外一致稱許。不幸執政者後來沒有積極建立「和」的論述，反而任由原本主「和」的力量渙散而不去凝聚。「和」的思想基礎及政治實力就逐漸流失而淪為「拖以待變」。

盱衡當前全局，「鬥」與「拖」恐怕都不是台灣最有利的出路。「鬥」只會讓台灣內部由分裂走向動盪，外部更將跌落不能想像的深淵。「拖以待變」只讓最終攤牌時危機更大。

台灣本是海島，民眾需要較強的「安全感」。現在兩岸越走越近，安全感的需求自然比以前更強烈。政治領導人有責任給人民這個安全感。同時，美中兩強針對善變的台灣，也比以前更需要「可預測性」。台灣如在此時明確打出「和」的品牌，既可內安民心，又可外平大國的疑慮，可說一舉兩得。

如能這樣，兩黨在選後各自盤整後，可以繼續競爭，但它是個良性競爭，用改革國內民主的方案與改善外部政經環境的方案來爭取民眾的認同，同時試著逐步走向朝野和解。這樣不但可以再度擦亮台灣民主的招牌，也必將有利於今後的經濟發展與對外關係。

一〇三年十一月二十三日・聯合報A14版

06 誤判的教訓不能重演

今年是第一次世界大戰爆發的一百週年。歐美各界對它已有一致的定論。那就是：第二次世界大戰毫無疑問是由德國與日本發動的侵略戰爭，但第一次大戰的起源卻不是蓄意侵略，而是集體誤判。各國後來公布的政府文件都顯示，大戰前各國都不認為會有戰爭；即使有，一定會很快結束，而且自己一定會贏。這個集體誤判最後造成了兩千萬生命的損失及四個帝國的殞落。

很不幸的，類似的誤判所在多有，而且當事國往往付出慘痛的代價。最悲慘的例子是十九世紀的巴拉圭。它的領導人錯估敵我實力，同時與阿根廷、巴西、烏拉圭等三個鄰國作戰。五年下來全國成年男子犧牲了三分之二。

二〇〇三年美國認定伊拉克藏有大規模殺傷武器，從而發動對伊戰爭，每星期燒掉十億美金，結果不僅沒有發現大規模殺傷武器，而且至今仍不能自該國泥淖完全脫身。美國付出的直接代價是：經濟重創、聲望低落、全民厭戰。間接的，中國大陸趁此十年空檔迅速崛起成為全球第二大經濟體。誤判的代價不可謂不高。

台灣也不能免於誤判的魔咒。一九九九年七月李登輝前總統驚爆「兩國論」，所依據的評估是：美國將會諒解並支持這個突破，而中共的官僚體系太龐大，反應太慢，不足扭轉新的既成事實。後來的發展卻與這個評估完全相反。中共戰機立即打破幾十年慣例，大量進入台海甚至越過中線。美國也迅速向北京撇清它與兩國論的關係，並阻止兩國論持續發酵。在李被迫回到「一中各表」，再加上九二一大地震後，危機才算解除。但原本數量有限的中共對台飛彈從此以每年一百枚的速度增加，台海安全從此出現問號。而李自己建構了十年的兩岸和解則從此畫上句點。

當前的台灣也有兩個誤判正在流傳。第一，我國與別國簽署自由貿易協議可以不顧大陸因素。用選舉語言說，就是要「從世界走向大陸，而不是從大陸走向世界」。這個說法忘記了一個歷史教訓。十三年前台灣與中國大陸同時爭取加入世界貿易組織。當時台灣其實早已完成了與各會員國的談判，但各國為了讓中國大陸先一步入會，故意讓台灣原地空等了將近兩年，還美其名曰，「完成但未結束」（completed but not concluded）。

現在兩岸經貿實力比以前更為懸殊。如果還認為全世界會比十三年前更樂意配合台灣單方面「先世界、後大陸」的優先順序，那就是嚴重昧於世界大勢。當年在政黨輪替前後實際參與世貿入會的人如今橫跨朝野兩黨，對這經驗應該記憶猶新。希望他們不要自誤誤人，引導民眾做出錯誤期待。

另一個誤判就是，「只要打贏二〇一六年的總統大選，中國就會自動調整來配合」。過去二十幾年，由於中國大陸羽翼未豐，台灣的民主化舉世稱羨，以致力量相對較小的台灣確曾打破國際常規，「尾巴搖狗」了很長時間。李登輝當年的康乃爾訪問及兩國論，陳水扁的「一邊一國」，及馬英九的「不統不獨不武」與「外交休兵」都曾迫使大陸甚至美國被動因應，有時反對，有時配合。

但現在時移勢遷，大陸軍經外交實力已非吳下阿蒙。美國雖對北京在戰略上仍不信任，但普遍的認知是美中關係「重大到不能失敗」（too big to fail），當然也就不希望台灣再來攪局。更重要的，大陸新領導人不論是內部的權力布局、機構改革、肅貪「打老虎」，或對外關係的處理，處處都透露高度信心後面的定力，以及堅持主導形勢的機鋒。即以最近兩岸關係為例，大陸對台政策既以「和平發展」定調，就不再受到台灣民間爆發的太陽花學運或馬政府啟動的「個別事件」所影響。國台辦主任張志軍也在六月底不懼負面氛圍，堅持實現他自訂「上半年訪台」的諾言。如果台灣下次大選後的政策衝擊到「和平發展」的基調，我們很難想像這麼有主見、要主導的北京會「自動創造條件」來配合台灣的新政策。

這兩個誤判不禁讓人想起當年兩國論過度一廂情願的教訓。真希望歷史不要重演。

一〇三年九月二十一日・聯合報A14版

07 兩岸關係何去何從——鬥、拖、和

現在台灣各個選舉慢慢提上日程，北京針對「政治問題繞不開、避不了」的表態也越來越清楚。台灣選民及政治領袖恐怕都必須開始思考，攸關和戰及台灣經濟發展的兩岸關係到底該怎麼走。

大致說應該不出三個方向：「鬥」、「拖」，或「和」。陳水扁總統的八年，台灣內部的傾向幾乎一刀切：藍營主和，綠營主鬥。但馬總統執政至今，兩大陣營都起了變化。綠營仍以「鬥」為基調，而馬及國民黨的低迷民調更讓這部分人沒有修正路線的誘因。另一部分人雖然態度比較隱晦，但在關鍵問題上仍然以「鬥」為主、寧硬勿軟。第三股逐步支持「和」的力量似仍居少數。

國民黨的變化比較微妙。表面上採取「和中」政策的馬政府，在兩岸簽訂《經濟合作架構協議》以後卻注入越來越多「拖」的成分。或許因為連任選舉的考量，也或許因為整體支持度的降低，馬政府不但放慢政策推動的步伐，論述也越來越保守，甚至傾向「威脅極大化，機會極小化」。譬如，具有重大兩岸政治意義甚至國際意義的《經濟合作架構協議》，

在官方論述時卻常被說成彷彿只有「讓利」的經濟意涵。試想，如果沒有ECFA，怎會有後來與星紐的協議？

「拖」的後果之一就是APEC的「馬習會」泡湯。任何國家的高峰會本來就需要很長時間的鋪陳。兩岸怎可能立刻從現在的經濟類議題的協商，不經過若干政治問題的處理及政治互信的強化，而一下子跳到雙方頂層的政治接觸，甚至不經協商立即同時間、同地點滑進新的國際空間？

此外，國民黨不像民進黨內部有政策歧見，但它的恩怨情結依然嚴重影響它的大陸政策力道。執政前國民黨的思想口徑相當一致，但執政後眼看馬政府只做低層的保守論述，有的人就只談周邊議題；有的人乾脆自動消音；還有的人只在大陸講話，不在台灣論述。既然掌握最多資訊的黨政人士都怯於論述，民眾自然感到混淆。馬的大陸政策看起來也就像「和」又像「拖」。

為什麼現在該要思考何去何從的問題？因為馬總統還有兩年任期，勉強可以再做選擇。其他有意大位的各黨菁英也該開始準備向選民訴說他們的大陸政策理念。

近年國內外學者都指出台灣選民越來越理性主義（rationalism），而不是民族主義（nationalism）。如用理性思考，「鬥」大概是絕對不利於台灣的一條路。不管是看台海兩岸的軍經力量對比，或看剛從中東兩場戰爭脫身且負債累累的美國，或看中日、日韓、東海、南海等諸多紛爭，相信台灣選民及各國政府都不樂見台海再生波瀾。

「拖」依舊可行。它最不費事，大家可以繼續過著不看不聽不想的「小確幸」生活。其中又可分為有計畫的「形和實拖」及「形鬥實拖」。但兩者都會很快面臨兩個現實的問題。第一，思想一致、意志集中、力量貫徹，而軍經外交實力又大幅提升的北京政府會不會願意無限期配合拖下去。第二，也更重要的是，以現在不利於台灣的趨勢推估，到了不再能拖的時刻，我們的主動權及決定權會比現在更少還是更多。

最壞的「拖」當然就是無計畫的「不得不拖」，像現在兩黨的一盤散沙及藍綠的惡鬥，不僅讓黨內沒有共識，也讓台灣不可能形成「台灣共識」來應付新而有力的中共對台政策。

比起「鬥」及「拖」，「和」或許是更積極可行的道路。它不是投降，而是在時機及條件都適當的時候找出兩岸都可以接受的安排，讓兩岸的「機會」與「威脅」得以重行平衡，也讓台灣可以更好地掌握兩岸和平發展的節拍及自己的前途。國際社會一定也會給予更多的肯定。但「和」需要政治人物的決心，也需要方法，尤其是提供一個讓選民信服的論述，另外還需要建立與北京的互信。這三方面都需要最少兩年時間的培養。所以「和」的難處是比較費事，需要許多人轉換腦筋。

當然從個人利害及選舉考量，前兩條路較容易。但為台灣前途及後代子孫福祉，或許難走的路是更好選擇。

一〇三年二月二十三日・聯合報A14版

北京對台

01 北京如何評估台灣大選？

明年一月的總統大選是台灣的第七次。它與過去六次有個重大的本質差異：它不是選「政府」，而是選「這個國家」還是「那個國家」。它是蔡英文博士自二十年前推出「兩國論」受挫以後，依據既定的路線圖，由小步而大步，由暗而明，最終實現台獨理想的總收成。如果她連任成功，台灣就將變成一個以新的「一黨專政」為基礎的「新國家」。正因如此，角逐各方都有輸不起的強大壓力，而觀戰的華府與北京也難掩它們內心的焦慮。

在兩強中，北京的思考對台灣最切身相關、最值得關注。北京現在內部定於一尊，對台可運用的工具很多，又有足夠的準備時間。倘若我們仍用舊思維看待這次大選，彷彿一切仍將「馬照跑、舞照跳」，屆時恐將措手不及。

北京可能如何評估二〇二〇大選？第一，美國是否及如何干預是關鍵。過去例子非常多。最近香港出版《最後的秘密》一書，集結「六四」天安門事件當時的內部高層文件，揭露中共決定採用硬手段來處理的背後思維。關鍵正是「內外敵對勢力的勾結」。一九九六年中共文攻武嚇我大選，也是不滿美台連結。蔡總統就任半年內，北京並未立即關上溝通大門。直到「川蔡通話」，兩岸關係才轉成僵局。去年美國通過《台灣旅行法》後，「僵局」又再惡化成包括機艦繞台的「對抗」。每一個轉折都是美國因素撞出來的。

所以如果蔡勝選，北京首先要做的研判是，到底主因是單純的台灣內部因素（如國民黨分裂），還是美國因素。如是後者，而北京仍吞下後果，那就輸了台灣，還輸了美中關係。

第二，北京會評估新情勢是否不可逆轉。由於蔡政府這三年對內推動「漸進台獨」與「一黨專政」，外部貫徹「親美反中」，如果蔡連任並續掌立法院，很可能把大選詮釋為「統獨公投」，並結合國際社會要求中共接受「新常態」。此時原本對台灣「政府」已經不抱希望的北京，可能因為台灣「人民」也選擇背離而感到絕望。若然，兩岸關係必將急轉直下。

第三，蔡如勝選對大陸內部政局的衝擊。台灣在美國只是政策菁英的議題，但在大陸卻是全民的話題。這幾年許多大陸民眾覺得對台真心卻換來絕情而深感受傷，如再在傷口撒上「絕望」的海鹽，澎湃壓力必將湧向決策的黨政高層。而曾在閩浙滬工作了二十二年的習近平必然首當其衝，連帶衝擊他未來的政治布局。如到這步田地，維持台海現狀重要，還是自保重要？

第四是實力考量。大陸面對台灣幾十年，顧忌的從來不是所謂的「小個子」，而是背後站的「大個子」。現在美中力量對比已經全面改觀。美國在東亞影響力消退的態勢日益明顯。最近美國無心也無力斡旋日韓盟邦的糾紛；中俄戰機公然聯袂挑戰日韓的傳統空域；北韓多次試射飛彈，而川普完全視若無睹。更糟的是，美國軍力正處於尷尬的轉型期。美國航母長期執行「反恐」任務，卻疏於演練如何應付像中共這樣的「同級對手」。尤其因為鞭長莫及，美國政軍界現已普遍擔心航母還沒趕到台灣海域，新的「既成事實」已經出現，美國難以翻轉。對此了然於胸的北京，決策時的顧忌當然比以往少很多。

第五是成本。它直接與決策文化及政策工具的選擇有關。過去在處理中俄、中美、中越矛盾時，北京已多次展現它對成本的輕視。或許大陸以前「一窮二白」，而現在家大業大，成本考量變得較重。但一則台灣價值太高，二則習近平等人都經過文革大風大浪的洗禮，所以他們的成本考量極可能仍然遠低於美國，尤其低於一輩子吃香喝辣、以擅長交易而自傲的川普總統。預計將來北京的成本考量不是「做不做」，而是用什麼工具「做什麼」，好把對台、自身，與國際成本降到最低。

目前看來，如果蔡勝選，上述五點都會成立。台灣屆時只有承受北京選擇的政策工具，或者像當年香港殖民地那樣接受美中交易的後果。除非——蔡勝選的前提根本不存在。

一〇八年八月十一日．聯合報A12版

02 習近平新時代的對台政策

二〇〇〇年五月，普丁就任俄國的民選總統。他豪氣萬丈地宣稱，「給我二十年，還你一個強大的俄羅斯」。這是普丁的俄國夢。

最近中共總書記習近平在剛結束的十九大，花了三個多小時一口氣念了三萬字的政治報告，沒有一句話像普丁那麼直白，但同樣的意思（除了年限不明外）可說躍然紙上，呼之欲出。顯然一個習近平時代開始了。他是什麼樣的人？他的報告透露了對台政策的什麼訊息？

習的背景與前任的江澤民與胡錦濤完全不同。他出身所謂的「紅二代」，很早父親就被鬥下台。他十六歲起在艱困的陝西窯洞工作了六年之久，多次申請入黨被拒。後來當地農民強力推薦，他才進入清華大學就讀，畢業後在國防部長辦公室擔任祕書。最特殊的是，他離開國防部後，不像其他的「紅二代」留京做大官或轉往商場發大財，而是回到窮困的河北小縣從基層幹起，幾年後轉到更窮的福建，一待就是十七年。隨後才被調到較富庶的浙江與上海，然後扶搖直上峰頂。這是一個對自己有期許、對國家有使命感，而且走過大風大浪的人物。他的閩浙二十二年經歷更使他成為中共歷來對台灣最了解，反過來說，也最有政治包袱的領導人。

他的政治報告有三個特色。第一，這次的十九大比過去幾次「更中國」。他在報告裡提了三十五次的「新時代」，指的不是空泛抽象的「社會主義」，而是他在五年前就首創的「中華民族偉大復興」。這八個字貫穿全會及整份報告，從「久經磨難的中華民族迎來從站起來、富起來到強起來的偉大飛躍」開場，到「大道之行，天下為公」收尾，處處都訴諸中國人最深層的情感與願望。

第二，「更共產黨」。大陸人口眾多，其心各異，要動員他們同心協力實現「偉大復興」的目標，必須依賴擁有八千萬黨員的共產黨。十九大報告討論黨的角色及任務的篇幅之大，遠遠超過最近幾屆大會。所以習一方面給予共產黨領政、領軍、領思想、領建設的權力，一方面又對黨提出廣泛嚴厲的要求，以讓人民信服。

第三，「更前瞻」。習史無前例地描繪未來三個階段。二〇二〇年先「全面建成小康社會」，二〇三五年再完成全面現代化，最後在建國一百年，實現富裕文明和諧美麗強國的目標。他還提出相當具體的建議作為，讀來就是一張如何建設富強國家的路線圖。

在這個背景下，習會怎樣看待未來的兩岸？我們看到十年前（陳水扁在台執政）十七大報告裡「願以最大誠意、盡最大努力實現兩岸和平統一」的話在十九大不見了，「我們理解、信賴、關心台灣同胞」的話不見了，「寄希望於台灣人民」的話也不見了。五年前（馬英九執政）十八大一整段「促談」的話不見了，「和平統一最符合包括台灣同胞在內的中華民族的根本利益」的話也不見了。「和平統一」在十七大及十八大都提了五次，到十九大只象徵性地提到兩次。這些跡象都意味「和平統一」及爭取台灣民心的成分在未來必然降低。

更具指標意義的是現場兩千多黨代表的掌聲。據統計，全場七十次掌聲，有七次出現在短短六百餘字的台灣段落。別的議題是間隔好幾段才有掌聲響起。但在台灣議題上，他一句話就一次掌聲，其中說到「絕不允許任何人、任何組織、任何政黨、在任何時候、以任何形式、把任何一塊中國領土從中國分裂出去」時，長達十七秒的掌聲更是全場之冠。這是今天中國大陸的新民意，必將制約原本就以「中華民族偉大復興」為職志的習近平。

前瞻未來，我們不禁要問，更中國的大陸會怎樣看待更疏離而獨立的台灣？內部趨緊，已對港獨、疆獨、藏獨更硬的共產黨會怎樣看待橫眉冷目、意圖脫離的台灣？權力集中的「台灣通」，會不會容忍兩岸僵局越過下次台灣大選，而到二〇二一年的百年黨慶時被全黨甚至全國的新民意指指點點？如不願意，他會採取什麼作為？

形勢如此迫切，連美國國防部代助理部長海大衛兩週前都正告台灣已面臨「存亡威脅」（existential threat），蔡政府要如何因應？

一〇六年十月二十九日・聯合報A12版

03 北京如何看台灣？

四月中旬民進黨即將確認下屆總統大選的提名人選。呼聲最高的蔡英文主席在吳釗燮祕書長訪美回來後可能提出什麼樣的聲明，引起各方關注。上個月北京與華府先後提早出手，已經透露兩個大國對台灣政情及兩岸關係發展是多麼焦慮。

一般分析多把北京與華府的關注焦點放在它們對民進黨及蔡英文主席的看法，甚至聚焦「一個中國」或「九二共識」一詞。事實上，任何大國看任何問題的眼光絕不會如此狹窄，而是既看大局，又看長遠，再看該問題在長遠大局中的位置，然後才衡量處理的手段及後果。在此先論北京對台灣的看法。

北京心中應有三個已知數、三個未知數。第一個已知數就是，對台政策在北京的所有課題中位階極高。高層的考量常常不在政策利弊得失，而是上升到歷史功過甚至政權存續的層次。台灣兩字在大陸民間能激起的火花，對許多根本不知道台灣在哪裡的美國人來說恐怕是完全不能想像的。這就使北京對台政策的意志力及內部壓力絕對高過華府甚多。

第二，由於近十幾年軍經外交實力的大幅增長，大陸對台自信心已經顯著提升。所有與大陸接觸的產官學界應都感覺得到。

第三，習近平曾在閩浙工作長達二十二年之久，是公認的「台灣通」。這幾年他打貪反腐、樹敵甚多，因此在高度敏感的對台政策上更沒有犯錯的空間。月前他用脫稿的方式講出「基礎不牢，地動山搖」的重話，顯示他在對台政策上敢於承擔特殊責任。

未來四年恰是習近平執政的中後期。既然台灣能夠牽動大陸政府與民眾的思緒與神經，兩岸任何風吹草動都可能直接衝擊共產黨第一個「百年」（即中共建黨一百年，二〇二一年）的規劃及他個人的歷史評價。習近平自然必須動員各種力量以確保兩岸未來四年的互動不會干擾這個大局。

至於未知數也有三個。第一就是北京對民進黨及蔡主席的看法。目前所有跡象顯示北京的初步看法是負面的，連長年對台一貫溫和的學者近日都嚴厲發言批判。但因為蔡主席迄今仍未掀牌，所以北京官方還沒有公開表態。

第二就是北京對台灣民意的看法。相信大陸研究單位與我們一樣都注意到，台灣今天的民意與幾年前相比已有明顯的板塊移動。幾乎所有民調都顯示，感性的「台灣人認同」已經穩穩超越五成。而部分（仍非大部分）民調則顯示，在較偏理性思考的「統獨問題」上，主張「台獨」的趨勢也在上升。這讓「讓利」多年的北京非常困惑，其中有人已開始反省這種「爭取民心」的政策是否正確，該否及如何繼續下去。反省結論如何，至今尚不明顯。

第三，如果民進黨真的再度趨獨，台灣內部有沒有足夠制衡的力量？國民黨能不能振作起來，扭轉頹勢？除了國民黨，還有沒有足以牽制民進黨的第三勢力，譬如台北市長柯文哲？如果這個力量確實存在，北京對它是否應該區別並較寬鬆的對待？

北京對這三項問題一直是合併考量，而不是只集中在第一項。台灣第一次政黨輪替時，北京採取「聽其言、觀其行」的緩和態度，除了當時實力不如人而信心又不足外，還因為這三項未知的變數都不悲觀：陳總統的政策宣示不算偏激，台灣民意不支持台獨，而國民黨實力又足以制衡執政的民進黨。扁在第二任時大步邁向法理台獨，但中共仍然氣定神閒，主要就因為另兩項的台灣民意及制衡力量都不悲觀。

現在中共正對民進黨的政策主張、台灣民意及內部制衡力量等三項問題廣泛收集資料，以備適時做出判斷。目前跡象顯示，它的三項評估很可能偏向不同程度的悲觀。若然，這將是前所未見的新情況。如再加上前述的三個已知數，大陸就可能出現新的對台政策。

這是北京正在進行的大工程。台灣忙著爭奪權力的人不該假裝看不到，因為不管我們喜歡或不喜歡，北京的作為必會影響包括美國在內的所有東亞國家，更會影響全台民眾的前途。

一〇四年四月五日・聯合報A14版

04 試析習近平的中國大陸

習近平全面接班剛剛超過百日，或許可以試做初步評估。

首先，他的權力基礎明顯高於當年剛就任的胡錦濤。習不是任何元老欽點出來，而是二〇〇七年六月高達四百多人的黨政軍高層票選（官方稱「民主推薦」）出來的最高領導人。第二，胡錦濤漂亮的「裸退」留給習近平更大的自主空間。第三，政治局常委人數由九人減為七人；尤其政法委退出政治局常委會，讓總書記權力大增。第四，習的出身及特殊經歷（尤其與解放軍的關係）賦予他更大的「政治人」性格，而不是「公務員」性格。第五，七常委中有四人（習近平、李克強、張德江、王岐山）曾是下鄉吃過苦的「知青」，其人格及意志力應與過去領導高層大不相同。

其次，大陸整體思想的氛圍是民族主義越來越濃，而社會主義越來越淡。近年東亞海域的主權紛爭更強化了民間的民族主義情緒。「中國夢」及「中華民族偉大復興」等新的政治符號出現，既可思想「填空」，又可團結內部。

第三，領導層對大陸經濟及軍事力量的上升越來越有自信。連帶的，對自己制度相對於西方民主也越來越肯定，不願意接受國外的指指點點。但他們也清楚地認識到自己與美國綜合國力仍有相當大的差距。

第四，經濟上仍高度重視「生產」，希望持續快速成長，以便在建黨一百週年時（即二〇二一年）「全面建成小康社會」，但對「分配」也願意投入更多資源，尤其對諸多內部問題（如貪腐、貧富懸殊、環保等）的處理更有高度的緊迫感。這就使習近平的施政近期內仍以追求外部穩定為基本要件，並在堅持大國尊嚴及基本利益的情況下，繼續推動對外關係的和緩。

上述權力、思想、力量與基本方針在過去一百多天催生了一系列明快自信而主動的布局作為。其中與台灣切身相關的吳習會只是整體布局的一環。

吳習會前後的一個月內，習近平先在五月底接見北韓金正恩的特使崔龍海將軍，獲得雙方對「無核化」的共識。六月初，握著美國最在意的北韓核武的籌碼，習就與歐巴馬總統在不拘形式的長談中取得不對抗、不衝突的「新型大國關係」的諒解。六月十四日順著長期「先美後台」的邏輯，再推出吳習會。一週以後，越南國家主席張晉創在北京與習近平同意「推動南海問題政治解決，防止干擾兩國關係」。六月底南韓總統朴槿惠也訪問北京，雙方確認「朝鮮半島無核化」。

短短一個月，習近平穩住了微妙的美中戰略態勢，安定了開局不順的兩岸關係，還把沸沸揚揚的北韓及南海問題快速降溫，讓他就更有餘裕，處理內部難題。

在兩岸關係上，吳習會中的習近平給人的感覺是他既有信心，又了解台灣；可能更硬，也可能更軟；比以前更堅定、更有力量反對台獨，但在不獨的情況下，又有更大的耐心與包容。最特殊的是，他似乎頗能深入台灣的心理層面。譬如他在強調「不要幻想我們對台獨的立場會鬆動」的同時，兩次提到兩岸的「歷史創痛」，而且說「療傷止痛需要時間和耐心」，「冰凍三尺非一日之寒，化解也需要時間」，「統一還要是內在的、心靈的契合」等等。

這就是台灣未來要相處五年、乃至十年的中國大陸領導人。如果大陸大步前進，身陷民粹泥淖的台灣朝野菁英還能再繼續內耗下去嗎？

一〇二年七月二十日・聯合報A4版

美國

01 當前美國的對台政策

這幾年不少外國友人私下抱怨，「當美國的朋友越來越辛苦」。他們有的感嘆川普總統的高度不確定性，有的覺得夾在美中兩強之間左右為難，有的認為「美國優先」思維讓華府不再重視這些國家的個別需求。台灣身為美國長期友人，又適逢關鍵大選，冷靜檢視當前美國對台政策實有必要。

國人迄今對美國政策的理解常受個別事件（如官員講話、法案、美台互動）的影響。事實上由於最近幾年美國內部出現空前變化，諸如內部貧富兩極化、城鄉政治兩極化，及政黨左右分化，導致政治素人川普入主白宮，使美國整個對外、對中、對台政策都出現非常不同的面貌。我們此時觀察當然必須既見林又見樹。

過去美國政府的外交都是一個政策、一個聲音。但川普任內一直有三股力量在或明或暗地角力。第一當然就是川普本人的偏好。跟其他總統一樣，川普外交經過「學」、「攻」、「收」、「守」四個階段。政治素人的川普上任前，在幕僚及蔡政府的運作下，破例和蔡總統通了電話；發現惹惱北京，立刻髮夾彎；上任後很快和習近平主席在佛州的海湖山莊親密交往。這是「學」。

二〇一七年底開始，幾個鷹派大將陸續到位，他就對中國大陸發動貿易戰。他還全力主攻朝核議題，與金正恩先後三次會面；不顧歐盟反對，堅決廢除歐巴馬與伊朗簽訂的廢核協定；不顧阿拉伯人情緒，把美國駐以色列大使館移到耶路撒冷等等，都是「攻」。

為了布局明年連任，川普今年下半年已明顯開始「收」。他不惜冒著背棄庫德族的罵名，從敘利亞北部全面撤軍。敲鑼打鼓兩年的美中貿易戰可能局部妥協。明年二月愛荷華州初選起跑後，被彈劾案纏身的川普更將盤整各項涉外政策，能收割的收割，能管控的管控，能丟的就丟，那是「守」。其中最值得我們關注的應是朝核問題，因為這是川普外交最大的可能亮點。如果他想在此有所斬獲，勢必更重視北京，而台灣當然更邊緣化。

第二股力量來自把大陸視為「競爭對手」的行政與立法部門。他們幾乎一致「防中」，但不一定全都「愛台」。其中極端防中愛台的人主張「邀蔡總統去國會演說」、「美艦泊靠台灣或太平島」、「高層互訪」等。不過正因最近所揭露官僚體系內存在「反川普聯盟」，所以川普的偏好常受到官僚體系的抵制，而這些菁英的涉台建議，尤其力道稍重的，也常受到白宮的牽制。此外，論者也普遍認為美國政府「防中」心態固然普遍，但迄今還沒有完整周延的策略，而且政府內部協調仍嫌不足。

給「防中」打折扣的還有第三股力量。它們分散在政經學界不同角落，反映於不同民調，也來自美國的亞太盟友（如澳洲、新加坡）。他們基本上呼籲「審慎」、「美中和則兩利，鬥則兩敗」。其中華府最要顧慮的當然是力量與意志都今非昔比的北京。九月中旬駐美大使崔天凱就公開警告，「美方（在台灣問題上）屢屢觸碰紅線極不明智，有可能……把自己捲入不想要的衝突」。這些聲音很刺耳，但華府仍必須傾聽。

這三股力量交互震盪的政策產出，就是馬前總統最近形容為「友好但無足輕重」（friendly but inconsequential）的對台舉措，諸如通過無拘束力的對台法案、軍艦例行穿過台海、要求別國勿與台灣斷交、五角大廈文件將台灣列在「國家」名下等等。這些舉措可讓民進黨宣稱「美台友好」，讓中共生氣卻仍能忍耐，也讓美國覺得氣到了北京，幫到了台北。但就像船過水無痕，對台灣的國際地位或利益卻沒有實質幫助。

真正關鍵在台灣大選前後。雖然小部分華府菁英仍想選前助蔡英文一臂之力，但越來越多人已經清楚看到，美國現在所作所為對台灣選舉的影響比以前小（如去年九合一所顯示），但對北京對台政策的衝擊卻比以前大。稍有不慎，激起的反彈恐將極難收拾。

未來幾個月這三股力量將如何交鋒，沒人能預測。我們只有拭目以待。

一〇八年十一月十六日・聯合報A12版

02 美國怎麼了？

朝鮮半島危機四伏之際，川普總統居然在中東又捅了以阿問題的大馬蜂窩。很多人在問，美國到底怎麼了？這個問號對選擇「遠中親美」的蔡政府，恐怕更切身、更關鍵。

事實上美國最近幾年一直在快速質變。這個質變溯源很深，對美國全球領導力的影響也很嚴重。總的來說，現在的美國已經出現四個分化。

第一是美國社會的兩極分化。自世紀之交，美國的財富分配就像打開的剪刀一樣，向貧富的兩個極端移動。頂端的百分之一人口在去年已經擁有將近四成的全國收入與財富，另外百分之九再瓜分了將近四成，而廣大的九成人口則搶食剩下的二成餘財富。此外，自認多年受到壓抑與委屈的白人越來越渴望找回自尊及主導權。他們對非白人，移民、非基督教（尤其是穆斯林）的敵意也在強化。

其次是美國政治的左右分化。由於美國人口長期向都市集中，現在高達百分之八十四的龐大人口集中在東西兩岸的二十五個州（如加州、紐約）。剩下的百分之十六住在中西部的二十五個小州。這百分之十六依據憲法擁有參議院一半（即五十個）的席次，足以影響所有的立法及政策。這就使得在小州很受歡迎的本土、排外、反全球化的勢力，可以用極小的成本取得不成比例的全國影響力。它一方面滋養了共和黨的右翼，迫使共和黨向右走，一方面也刺激了較都市化、國際主義及種族多元的民主黨向左走。這個左右分化不僅激化政治對立，惡化美國的選舉文化，還使中間溫和的選民在政治上越來越弱勢。

第三是美國政府的上下分化。上層以川普家族及親信為代表。他們關心內政多於外交，美國尊嚴多於戰略利益，經濟實利多於自由民主人權。在涉外事務上，他們只展現點的思考，而不是線的、更不是全面的戰略性思考。「通俄門」調查啟動後，他們更是心煩氣躁、手忙腳亂。

居於下層的政府專業階層及智庫則與白宮高層嚴重脫節，士氣普遍低落且焦躁。據一位經常接觸華府官員的美國前官員說，過去官員提及政府高層，都說「我們」，以示彼此一體；現在常用的字眼卻是「他們」，疏離感溢於言表。另一位官員也說，「他們只把我們當成 siri（即 iPhone 的人工智慧問答軟體），只問事實，不徵詢意見」。所以中高層官員大量離職；最近更有十餘名國務院官員罕見地聯名控告自己的長官國務卿違法。

另外，由於白宮要求高層官員必須絕對忠貞，而許多溫和專業人士又多不願與川普為伍，結果政務官就大量出缺。據統計，今天川普任期已快走完四分之一，但該上任的六百一十八位政務官，只有兩百零六人（即三分之一）就職。災情慘重的國務院除了派不出幾十位大使（如駐南韓、德國、新加坡大使），還讓六位次卿中的五位，二十二名助理國務卿中的十八名懸缺至今，其中包括負責北韓及台海事務的東亞次卿及助卿。國防部稍好，仍有二分之一的政務官從缺。高層空虛到如此地步，美國政府不僅難在內部齊一步伐，也不易與外國協調政策。難怪台灣在風聞巴拿馬要與我斷交時，急尋華府求助，卻完全徒勞。

第四就是美國外交的人我分化。川普堅持「美國優先」、唯我獨尊，不僅撤除美國對跨太平洋夥伴關係及氣候變遷的支持，還與南鄰墨西哥鬧翻、與英德重要盟邦疏遠、威脅廢除美韓自貿協定及伊朗限核協議。這些作為幾乎都在自廢武功，當然也使美國在全球的硬實力及軟實力雙雙重創。

筆者在越戰高潮時負笈華府留學，親眼目睹美國當時社會與政治的深刻分裂。今天美國又陷入困境，但這次它的根源是內生的、是長期累積的、也一定要長時間才能扭轉。所以美國雖然仍是超強，卻是一個思想混亂、權力分散、意志模糊的超強。

相對的，十九大以後的中國大陸，不僅思想集中（「中國夢」），權力集中（以習近平為核心），而且意志也集中（領土、反貪、建設）。既然美國與中國大陸都在質變，還都是朝著對台灣不利的方向質變，蔡政府卻依舊不動如山，老神在在。真不知信心從何而來？

一〇六年十二月十日・聯合報A12版

03 美國在衰落嗎？

美國在衰落嗎？這是美國政學界的老話題。上個月追隨錢復院長及程建人部長在華府及紐約跑了一趟，見了不少官員、國會議員、前官員及智庫學者，對這問題做了更深入的研討。相關訪問報告也已在台北論壇網站上發表。

出國前在美國一個專門討論安全議題、叫做Cipher Brief（密碼簡報）的網站上，讀到了曾在中央情報局服務三十二年、最後在主管情報的副局長職位上退休的麥迪娜（Carmen Medina）的獨家專訪。她在被問到美國是否正在衰弱時，不但給了正面的答覆，而且說美國最好不要像一個上了年紀的美式足球四分衛那樣徒然拚力最後一搏，也不要像一百年前的沙俄那樣派出波羅的海艦隊繞行大半個地球，結果三小時就被新興的日本艦隊擊潰。她建議，美國當前最該做的就是「教導」（mentor）崛起中的中國如何扮演好領導角色；而川普現在放棄美國在自由貿易及氣候變遷上的領導地位，正好給了北京一個磨練領導力的機會。

我們一路上就此說法請教了好幾位前官員及智庫專家。他們均迴避「美國教導中國」的新穎見解，但都不否認美國力量正在衰落的事實。其中有人加上兩個但書以稍微緩和悲觀氣氛：一，美國的衰落目前只出現在聯邦層次；地方政府仍然強勁有力。二，此趨勢或許仍可逆轉。

審慎悲觀或有道理，畢竟過去幾十年美國內部曾經出現過多次唱衰自己的論調，每一次在學術及輿論界都激起很大的迴響。譬如，越戰結束後、「日本第一」浪潮席捲全美時，及金融海嘯後，全美都曾瀰漫一片悲觀情緒，久久不能自已。後來事實證明，美國身為全球唯一超強的地位並沒有動搖。它的綜合國力以及全球性的實質影響力依然無可取代。

若干年前筆者曾應邀參加一場針對此一議題的國際筆談。參加者來自數十個國家。筆者當時指出，美國人口數量在發達國家中難得地仍在成長；人口品質也穩居前端。經濟成長雖不如中國大陸，但仍領先許多先進國家。美國雖然債台高築，但從來不缺錢用。除了可以自己印美鈔外，全世界的「髒錢」還都躲到美國，因為那裡最安全。最重要的，它的科技水準始終遙遙領先世界各國，多達四分之三的重大突破都在美國發生。美國的基本面既然如此強勁，它縱然一時失足，終究還是會站到浪頭上的。

最近幾年筆者的信心開始動搖。原因不是一般所說的「中國崛起」，而是美國自身的因素。二〇〇八年的金融海嘯已先重創了美國的全球地位及形象。國內由來已久的貧富差距又一直沒有緩和，反而變本加厲。美國社會明顯開始分裂、解構、重組。政黨也開始惡鬥。其中共和黨越來越右傾，而民主黨越來越左傾。兩黨的中間溫和人士變得越來越孤獨，跨黨派合作的空間也越來越小。

美國的制度設計本來就是由下而上。這種經濟社會與政治的分裂，不可避免地反映到去年的總統大選上，導致政治素人川普出線。這結果不但沒有改善、反而還強化了正在進行的分裂趨勢。顯現在川普總統的新政上，我們就看到每天都在上演的惡鬥戲碼。而行政與立法工作則嚴重怠惰。

與台灣較相關的是：川普上任已經六個月，任期過了八分之一，但政府高層五百七十個職缺，竟然只有不到一成就任。國務院與國防部的東亞相關主管全部從缺。既然該負責、能負責的政務官都沒有到位，而政府最高層又分成「親信派」與「主流派」，美國就很難進行跨部會、跨國界的協調工作，以處理像北韓這樣的宿疾。當然也很難想像美國能在某地區（如台海）爆發危機時積極應變。

內部的失序及失志反映在國防上，問題已很嚴重。數月前美國三個軍種的首長到眾院作證。陸軍承認現有五十八個戰鬥旅中只有三個能夠「今晚就上戰場」。空軍戰機一半以上不能起飛，因為缺飛行員或缺料。而海軍則處在歷來戰艦最老、最少的時期。

不管美國已陷入較長期或僅短期的衰落，我們可以確定的是：今天的美國根本自顧不暇。那些為了反中而把希望寄託在美國援助的人，是否要好好再思考一下？

一〇六年七月二十七日・中國時報A14版

04 黑天鵝亂飛的二〇一七年

今年的全球局勢毫無疑問是幾十年來風險最高的一年。主因是，兩天前入主白宮的川普總統將把過去由國際主義及自由主義掛帥的美國，急轉成民族主義及保護主義掛帥。試想原本寧靜安定的大象驟然咆哮狂奔，其他動物自然飽受威脅。

但第一個被川普衝擊的可能不是別人，正是美國自己。他打天下時突破傳統，用「直銷」手段，憑個人魅力直接訴諸選民，而跨越政策菁英層次。但治天下畢竟不同於打天下，沒有菁英層的協助，將來他推動新政必然困難重重。

從華盛頓特區及近郊聯邦官員聚居的選區投票結果來看，平均高達七成支持的是希拉蕊，不是川普。這已是一個警訊。最近美國情報系統為了俄國駭入民主黨網路以協助川普當選的事，公開槓上他們未來的總統。將來身為大腦的川普如何依賴身為耳目的情報系統來協助他決策，那些川普聘任的素人部會首長如何去領導眾多心有疑慮的聯邦官員，確實令人好奇且憂慮。

就以川普支持者最重視的移民問題為例，他的上任「百日行動計畫」中提到要遣返超過兩百多萬的「非法移民罪犯」。試問將來他如何期待情報系統及相關官員盡心盡力協助他偵捕這兩百多萬人？這些「罪犯」難道願意束手就擒？中間只要有百分之一決定抗拒遣返或製造恐怖事件，就足夠讓美國本土民眾天天生活在恐懼之中，並讓川普疲於奔命了。

對外政策更麻煩，因為它從來不是美國單方面說了算，而必須依賴相關國家的配合才能落實，其中又必然涉及該國的內政。美國在獨霸全球時期或許還能威脅或利誘別國配合它的政策換檔，但現在有多少國家甘願接受川普新政而不反彈，實在大有疑問。屆時它們的抵制或反擊必然造成美國與這些國家之間的摩擦甚至衝突，因而衍生出多少黑天鵝，實難預料。

從台灣的角度看，可以看到的黑天鵝已經有好幾隻。川普堅持退出TPP已經使依賴貿易的台灣經濟前景更加黯淡。如果美國決心在匯率、貿易逆差，或智慧財產權問題上對北京發動攻勢，大陸豈肯就範？龍象屆時惡鬥，台灣經濟怎能倖免？如果川普真要進一步打「台灣牌」以施壓北京，美中鬥爭就勢必升高到戰略層次。到時候的賭注就變成台灣的存亡，而不只是經濟的榮枯了。

看似遠在天邊的中東對台灣是另一隻大黑天鵝。若干年前美國在中東的朋友遠多於仇人，如今情況逆轉，美國的影響力大幅削弱。伊斯蘭國的猖獗、敘利亞及伊拉克的動盪、土耳其的內鬥、葉門的內戰、伊朗的崛起，以及複雜難解的以阿衝突等等，都讓美國在此分身乏術。川普敵視穆斯林的態度很可能刺激其中某個團體在美國本土製造恐怖事件，以測試新政府的政策與反應能力。若然，美國必須對其他對手（如中國大陸）鬆手，否則必將多面受敵。到時候台灣如果還要寄望美國力挺以對抗中共，恐怕就會像當年的陳前總統一樣失望了。

在東亞，對台灣潛在影響最大的不是南海，也不是東海，而是北韓問題。只幾年光景，北韓情勢已然丕變。一方面金正恩對內的控制出現鬆動跡象，一方面北韓極可能在川普任內就會擁有用洲際導彈把核武直接投射到美國本土的能力。過去的「六方會談」、經濟制裁或歐巴馬的「戰略忍耐」，都沒能阻止平壤發展核武。現在憂心如焚的美國策士（包括政府官員）已開始公開討論「政權轉變」（regime change）。手段是鼓動北韓菁英不服從金正恩的領導統御，甚至針對北韓領導或核武及導彈設施進行「斬首」。最終目標則設定在美韓主導的兩韓統一。

這個思維會不會更刺激金正恩做出激烈反應？北京會怎樣反彈？北京與華府將如何折衝？由於台灣對北京的價值遠高於對華府的價值，過程中會不會把台灣當作籌碼放上談判桌？台灣會不會「人在家中坐，禍從天上來」？

最後，我們當然希望蔡政府不要自己蛻變成國際級的黑天鵝，把台灣捲進東亞的大漩渦。不論如何，台灣朝野今年都必須更關注國際問題，以免黑天鵝飛來時應變不及。

一〇六年一月二十二日・聯合報A14版

05 川蔡通話的多重影響

蔡總統與美國總統當選人川普的通話揭開了美中台關係最新連續劇的第一幕，把難得在國際曝光的台灣一舉推進國際輿論的焦點。對台灣來說，它是戰術成功的奇襲，但戰略上究竟是得或失，恐怕還沒有定論。它的影響大概在四個方面：美中關係、美台關係、大陸內部，以及兩岸關係。其中最重要的當然是美中兩強的關係。

所有人大概都沒料到川普當選後的第一個外交危機居然是槓上世界第二大國，而且偏偏挑選中國大陸最敏感的台灣議題。這個由台灣發球、美國接球的奇襲有點類似二十一年前的李前總統訪美。不同的是，當時美國獨大，而現在中共已經和平崛起。兩強不但在經濟與社會上你中有我、我中有你，在戰略上也是既競爭又合作，誰也脫離不了對方，誰也壓倒不了對方。

論議題，在全球層次，美中關係直接影響諸如氣候變遷、伊朗及若干國際機制的成敗。在區域層次，除了台灣外，美中積極在南海、東海、朝鮮半島等議題上競逐。在雙邊層次，美中在貿易、投資、金融、智財權、網路安全等議題上的折衝更是多得不勝枚舉。習近平主席有次透露，美中官方溝通的管道已超過九十個之多。

川普跳上舞台的此刻，美國的全球影響力不幸正處於相對低潮。英國脫歐讓美國失去牽制歐盟最重要的槓桿及情報眼線。阿拉伯之春幾乎全面失敗。北約成員的土耳其正與美國漸行漸遠。中東戰事一波未平，一波又起。非洲與中東難民潮水般湧向歐洲。伊朗影響力直逼地中海。俄國除了吃下克里米亞外，還再度插手中東事務。

更糟的是，美國策士如季辛吉擔心，恐怖團體極可能製造事端以測試川普政府的應變能力。若然，北京又將成為美國反恐的重要夥伴，就像九一一事件以後一樣。

在東亞，西方專家普遍認為，北韓核武現在已能重創日韓及美國的東亞基地。估計川普四年任期未滿，平壤已能直接攻擊美國本土。換句話說，時鐘已在倒數。將來川普若想順利處理北韓問題，沒有北京的協助，幾乎不可能。

八年前歐巴馬總統勝選不久就在芝加哥老家聽取了全球情報簡報。事後他向友人說，如果不是簡報房間的窗戶上裝了欄杆，他真想就跳了下去。據美媒報導，川普至接通蔡總統的電話為止，都還沒有聽取相關簡報。

如果他聽完簡報還想把美中基調由競爭與合作並存，轉成以競爭為主，甚至不惜打「台灣牌」，那麼世局就要進入一個動盪的全新時期，對國際政治與經濟的衝擊將大到難以估計。作為美中摩擦的最尖銳點，屆時台灣處境的危險性甚至可能高於冷戰時期。

當然一般預料他遲早會回到主流路線。若然，這次蔡川通話將只是一次性的、象徵性的意外。不論變或不變，美台關係終究只是美中關係的副產品，一直受到美中格局的牽制。所以我們絕不能只侷限於從台北看兩岸或美台，而必須結合上述美中關係的背景來全面思考與衡量才行。

李登輝當年奇襲式的訪美，讓北京大感震驚，因為兩岸和解當時正要邁進一個新階段。這次情況十分類似。除了蔡總統不斷強調「善意」與政策的「可預測性」外，北京也展現高度自制，並沒有發生選前說的「地動山搖」。甚至就在蔡川通話前兩天，北京還釋放重大軟性訊息，「不反對在九二共識之外，建立創造性的替代性共識」。所以這次北京遭到奇襲一定也極度震驚。

後果有兩面。在大陸內部，李的奇襲曾被江澤民的黨內對手利用來向他施壓，結果就出現對台灣文攻武嚇的決策。現在習近平的權力地位遠比當年的江穩固，所以北京反應不致如此衝動，但身為「台灣通」的習免不了要在內部承受重大壓力。這就是為什麼大陸內部對通話一事的新聞處理迄今相當謹慎，深怕火燒錯了方向。

另外，北京（尤其是習本人）經過此事，不可能不改變對蔡總統及民進黨的看法。北京調整對台政策，讓蔡總統、民進黨甚至整個台灣付出某種代價的可能性實不容低估。

這場連續大劇的帷幕剛剛掀起，熱鬧幾可預期。目前看到的短多會不會變成長空，甚至因小失大，值得我們持續關注。

一〇五年十二月十一日・聯合報A12版

06 美國政策思維中的台灣

遠離美國政策辯論二十年的台灣，近幾年又悄悄回到鎂光燈下。政學界涉及台灣的討論目前已是百花齊放，估計明年美國大選開打後，還可能繼續成為政壇的議題。

這個變化最大的動因就是中國大陸的快速崛起。獨霸地位被打破的美國被迫重新思考新的對中政策。連帶的，美中之間最敏感、也最困難的所謂「台灣問題」自然就再成焦點。由於這次是結構性的、而不是應變性的思考，而台灣過去多次觸發兩強對抗的經驗仍歷歷在目，所以當前思考台灣的角度就不只是一時一事的「管理」，而是更大範圍的「處理」。其中又分為政略與戰略兩種。基於對中軟硬主張的不同，論者就台灣的建議也會不同。

在檯面上看得到的政略思維似以傾向「交易」者占大多數。譬如，某位前重要官員建議「以不獨換不武」、「以撤彈換軍售」。另有人建議「以軍售換不武」。有人主張兩岸和平協議有助美中關係的穩定。有人主張台灣應該「芬蘭化」（即中立）。有人倡議修訂《台灣關係法》。有人要拿美國對台承諾換取北韓停止核武。有人甚至主張換取中國大陸一筆勾銷美國上兆美元的債務。還有人力主以台灣換取中共承諾和平解決東海與南海的主權爭議，並正式接受美國在東亞的安全角色。更有人畫出一幅路線圖，包含十個美中針對台灣交換讓步的步驟，以達成美中關係的長期穩定。

這些林林總總「交易」構想背後的心態值得我們關注。其中固然有美國友人維護台灣安全與地位的善意，但不可諱言也有「棄台」的影子。更根本的背景則是美國政學界對美中的長期關係具有高度的不確定感，同時又憂心台灣可能再度成為「麻煩製造者」，所以希望藉「處理」台灣來穩定美中大局。

再進一步說，美國專家積極思考「交易」，所反映的其實是現在許多台灣民眾不願意接受，或根本不了解的一個現實。那就是台灣對美國的戰略價值遠不如對中國大陸。在華府心中，日本在東亞的重要性毫無疑問排名第一，而南韓與日本唇齒相依，排名第二。即使不製造麻煩，台灣也只能排名第三。但在大陸心中，台灣永遠占據最核心的位置。雖然包括筆者在內的絕大多數人都不相信美國會輕易「棄台」，但既有這樣的排名差異，台灣對美國就存在「交易」的空間。

至於主張對中強硬的政略，基本上仍要維持現有的交往基調，只是希望強化其中所謂的「再平衡」成分，如力挺盟邦夥伴、負面使用經濟工具，與增建長程攻擊性武器等。極少人主張恢復往昔的「圍堵」策略，也不再有人要求藉人權、西藏或民主議題壓制中共。在維持交往基調的大格局下，主張強硬的美國策士就算對北京不滿，也不願拿台灣作為抗中的急先鋒。

在軍事戰略部分，中共飛彈與潛艦的質量提升，大幅升高了航母馳援台灣的風險。美國官方目前乃改採所謂的「海空整體戰」（Air-Sea Battle）。但它耗資過巨，而且如果直接攻擊中國內陸，勢將升高衝突，風險極大，故此戰略轉型迄今進展十分緩慢。另有策士建議轉攻為守，僅以封鎖大陸沿岸為戰略重點。有人更建議美國乾脆讓盟邦夥伴承擔主要責任，自己則退居二線。

這些戰略新思維雖然依稀都有台灣作為「夥伴」的身影，但台灣不可能像其他國家那樣與美國開展密切的軍事協調合作，因此「夥伴」到最後可能還是名大於實。更重要的，所有新戰略的出發點都設定美國在戰時的反應是被動的、遠距的、長期的，所以根據美國權威智庫研究，台灣必須獨自承受來自中共的猛烈攻擊「至少三星期」之久。屆時不管美中如何收拾，台灣肯定已是大輸家。

目前的東亞海域處處驚濤駭浪，唯有台灣海峽平靜無波，所以美中都對台灣心存感激。將來如果兩岸關係和平穩定，台灣可望繼續從美中雙方獲得一定的政治與經濟紅利。但如果兩岸關係惡化，一方面台灣的安全將取決於北京的耐心與華府的決心，一方面台灣會再次變成美中兩強「交易」的籌碼。

主事的淑女君子們能不慎乎？

一〇四年十二月六日・聯合報A14版

美中關係

01 美中——台灣該選邊嗎？

這陣子貿易戰、華為、蔡賴、韓郭的新聞不斷，很容易讓人忘了，台灣正站在歷史的新起點，而我們的選擇將決定台灣未來的命運。

「新起點」指的是，多年操縱台灣命運的美中關係已經正式告別過去四十多年的「交往」期，進入新的「競爭」期。但雙方都還沒訂出清晰的策略，也才剛開始摸索彼此的相處模式。

這個混沌格局很像十九世紀末的情況。靠著足以力克兩個大國海軍的大英帝國稱霸世界將近百年之久。德、法、俄、美、日相繼強大後，倫敦漸感捉襟見肘。其中美國在內戰後快速崛起，積極想把英國及西班牙趕出臥榻之側的加勒比海。英國幾經掙扎，權衡來自歐陸（尤其德國）的貼身威脅以及沉重的財務壓力，最後決定與美國妥協，把加勒比海留給美國。美國就在一八九八年藉美西戰爭驅逐西班牙，並與英國全球和平共存。

今天的美國在金融海嘯後財務一直吃緊，中東戰事始終懸而難決，而中國大陸、俄國、伊朗、北韓又在不同地區構成巨大挑戰。美國檢視霸權支柱的軍力對比後凜然心驚。它的國防預算自二〇一一年起遽減。美國智庫透露，這幾年三軍現役目標員額全都退縮到二戰結束時的水準。海軍因為預算緊縮而維修訓練不足，每年只有不到四成軍艦能夠出海；值勤艦隻因此任務繁重，以致撞艦或擱淺事件屢有所聞。空軍飛行員則缺員高達半數，即使回聘退役人員仍嫌不足。而主導規劃的國防部遲至去年一月才把主要任務從「反恐」明確轉成抗中與抗俄。待形成有效戰力，又不知需多少年。

美國目前正在這個尷尬的轉型期，一面黨派激烈政爭，一面思考針對緊追在後的中國大陸，究竟採取當年和平共存的英美模式，還是訴諸武力的美西模式。

至於中共，「韜光養晦」了四十年，練就一身肌肉，自然會想在國際舞台取得與實力相當的地位及影響力。這是歷史定律。美國當年把英西趕出加勒比海，台灣在九〇年代全民支持李前總統突破訪美限制，不都基於同一心態？

以南海為例，北京既是世界第一大貿易國，豈能容忍它能源與海運的脖子繼續掐在美國手裡。為了反制美國對全球海上咽喉（如蘇伊士運河、巴拿馬運河）的控制，而南海既然是全球三分之一貿易量的海上要道，中共就決定在南海填礁造島，作為備而不用的籌碼。不管國際仲裁法庭如何裁決，不管美軍如何強調「自由航行權」，不管東南亞鄰國如何不滿，依然堅定地做。

對中共而言，台灣重要性更大於南海，因為它是「中華民族復興」最不可缺的一塊拼圖。戰略上台灣位於第一島鏈的中間點，寬廣的南北海域最適合船艦進出。感情上它還是全民一致的焦點，可以牽動政權的穩定性。所以台海作戰一直是中共過去二十幾年建軍備戰的唯一劇本。

這就是大國競爭的戰略邏輯。在可見的未來，美國已不能把北京繼續壓制在第一島鏈以內；中共也不可能把美國勢力驅逐出東亞之外，所以美中可能吵吵談談很長一段時期。擔任東協輪值主席的新加坡總理李顯龍近日在香格里拉對話上，就明確表達在這段期間不選邊的立場：「包括日韓菲泰澳星的所有美國亞洲盟友……都希望與美中同時交往……不可能清楚劃分敵友。」

本來可以像這些鄰國一樣不選邊並因此擁有更大活動空間的台灣，卻被高唱「維持現狀」的蔡總統獨斷選了邊。這極可能逼迫美中縮短摸索新模式的時程，更給台灣自己增添莫大的凶險。

最近為了贏得黨內初選，她不惜甘冒大不韙推遲初選日期，以便有足夠時間運作「國安顧問會晤」與「涉美機構改名」，藉美國因素拉抬自己聲勢。

未來半年為追求連任，她必然會設法推出更多更大夾雜「美國牌」與「台灣牌」的動作。屆時如中共也被迫做出對抗的選擇，那麼美國立將面臨考驗。如華府也選擇對抗，美西模式就將重演，而台灣非死即傷。如美國退縮，「台獨」就成全了「統一」。

民進黨已選了邊。藍營候選人呢？更重要的，台灣選民想清楚了嗎？

一〇八年六月十六日．聯合報A12版

02 美中貿易戰的背後

美中貿易戰終於開打。目前任何人都難預測未來走向，但了解雙方背後的動因及侷限，或許有助釐清情勢。

作為發動者的美國，動因最少有四項。第一當然是川普總統本人。四十三歲的他在一九九〇年生平第一次政治專訪時就對《花花公子》雜誌讀者強調，「美國老被別國當成笑柄」，「一定要對外國硬起來」，「要把進口的每一輛賓士車、所有日本產品課上重稅」。到了二〇一六年，高關稅匡正貿易逆差，更貫穿他整個選戰主軸。此外，「最大施壓」及「懸崖邊緣」也一直是他經商與從政時的典型談判風格。

第二，川普與他的鷹派策士都對現行國際秩序深感不滿，認為美國吃了大虧，而別的國家「搭便車」占了太多便宜。所以除了廢除好幾個多邊協議（如氣候變遷、跨太平洋夥伴關係等），美國也已經或即將與加、墨、歐盟、日、韓等盟國重談貿易協定。中國大陸只是其中一齣大戲。

第三，目前美國兩黨及行政與國會非常難得地一致認為中國大陸國力已經上升到必須出手壓抑，以免危及美國領導地位的地步。部分人還不滿中共政治制度隨著經濟發展而更趨集權。少數人甚至拉高到「種族」或「文明」挑戰的層級。華府此一共識一定讓談判代表在面對北京時底氣十足。

第四，在美國國內，關稅戰的正當性最夠，而且成本最低。大陸每年出口美國五千多億美元，而進口只有一千多億。所以美國打關稅戰，子彈充足又不太怕報復。藉關稅不但可以直攻中共的「製造二〇二五」產業，還可以打開大陸服務業的龐大市場，何樂而不為？反之，如改打「操縱人民幣」，連許多政學界人士都不認可。如打「網路偷竊」，證據也嫌不足。所以除非大陸的報復重創美國經濟或波及其他利益，關稅戰仍可能持續。

但美國面臨的侷限也不少。首先，華府菁英圈子固然反中，但走出華府，一般人感受的還是「你中有我，我中有你」；而貿易戰必然兩敗俱傷。川普開打後的最新民調就顯示，百分之四十五的美國人認為美中貿易戰「長期會傷害美國經濟」，超過認為會「幫助美國經濟」的百分之三十四。他或許更會警惕，百分之四十二的美國民眾認為民主黨拜登參議員較會處理對中關係，超過他自己的百分之三十八。

第二，華府反中菁英迄今只有招式（如貿易戰），卻沒有章法。這一方面因為華府政學媒界一直忙於圍繞著川普進行激烈內鬥，一方面涉外菁英的士氣又普遍低落。川普上任後把國務院預算砍掉三分之一，中高階層官員大量辭職且常遇缺不補，連新進外交官都銳減二分之一。他的「美國優先」更已導致盟友離心離德。其他國家如作壁上觀，美國單打獨鬥的效果自會打折。

更糟的是，美國多個智庫及專文已清楚表示，面對中共台海軍力，美國已經喪失過去每一項優勢。過去可以橫行無阻的航空母艦，現在不敢進入台灣周圍最少一千海里的海域。過去共軍找不到、瞄不準、穿不透（防禦體系），或打不到美國航母，現在都可做到。過去不必擔心的衛星、通訊、後勤等，現在全都不安全。

換句話說，美國對中國大陸打關稅戰確實「心」「力」俱足。但要全面戰略對抗，或組建反中聯盟，或馳援「台灣民族主義」，恐怕都力有未逮。

或許正因看到美國的侷限，被動防守的北京迄今反應是硬中有軟。硬的是，不允許美國藉貿易談判改變大陸的政經體制；針對新增的高關稅宣布報復性的高關稅；針對南海及台灣則寸步不讓；針對川普自毀外交長城，則加緊外交出擊。

軟的是，只就事論事，不批評川普本人，習近平本人不出面講話；不承認已進入美國所說的「競爭」階段，仍號稱堅持過去四十年的「交往」政策；關稅開徵日期壓到六月一日，以保留轉圜餘地。

綜上以觀，美國以攻為守，大陸以守為攻。台灣除了妥善因應高關稅的間接衝擊，也要迎接兩強打打談談的持久戰，尤其不應一廂情願地以為美國會因貿易戰而力挺「台灣民族主義」。

一〇八年五月十九日・聯合報A12版

03 美中「競爭」下的台灣

台灣許多人與筆者一樣相信，兩岸好，台灣才會好。但位階在兩岸之上的美中關係要怎樣才對台灣好？

冷戰時期美中關係「太壞」，台灣的安全與經濟當然壞。一九七二年美中簽署《上海公報》及七九年美中建交，它們關係突然「太好」，台灣被遺棄，所以也不好。後來四十年的「不好不壞、時好時壞」反而給台灣經濟奇蹟、民主化、務實外交及兩岸和解開了大門。川普上任後美中關係驟然轉「壞」，對台灣是福還是禍，值得探究。

首先要有三個認識。第一，當前美中關係的本質是「競爭」，還不到「對抗」或「新冷戰」的地步。那是因為「競爭」者往往希望用最小的成本獲致最大的利益，而「對抗」者為了求勝多半不計成本。目前川普政府的所作所為處處透露它極重視「成本」。譬如，美國選擇貿易及科技戰場，就因為它在此仍具優勢。而在其他優勢不再的地方，如台海與南海，美國就不時暴露「雷聲大雨點小」的窘境。至於美國一再疏離日韓英德法加墨等友邦，更不像是「對抗」或「新冷戰」思維下會有的行為。

第二，這個競爭必將是長期的，而不是短期的。美國政策菁英目前不分黨派都對北京起了防範之心。這意味美國將來不會因為政黨輪替而放棄競爭。

第三，美國的競爭動機源於害怕大陸可能取代美國的全球領導地位，其次才是擔心中共的治國模式對民主價值的挑戰。八〇年代日本經濟總量達到美國三分之二，美國立即出手壓抑，並不因日本同為民主國家而手軟，就是明證。這次北京不像日本那樣輕易屈服，更沒有後來蘇聯那麼脆弱，所以當前美國的焦慮猶勝以往，乃積極尋找「競爭」策略以挽頹勢。

美中將來誰主風騷？這個大哉問沒有速易的答案。國際關係理論針對大國興衰大致歸納出三個成因。一是「資源」的累積或消耗。二是「科技」的創新或轉移。三是國家「治理」的良或窳。美中雙方迄今的作為似都暗扣這三大要素。

美國以攻為守，頻頻出招，一方面節約「資源」，一方面壓制中共的「科技」發展。但因中樞無主、招式凌亂，而菁英一邊要外部鬥爭，一邊又加緊自相殘殺，放任國家「治理」惡化，所以內心掩不住的焦慮與鬱卒。

中國大陸則以守為攻，見招拆招，以政治定力守住三大要素，迎接這場長期競爭。然而美國畢竟仍是第一超強，所以北京內心也是高度擔憂。美中未來的高下必將取決於它們在這三大要素上的競賽，以及何者先犯下顛覆性的錯誤。

最可能引誘它們犯錯的就是台灣問題。在「正常」的情況下，美中都認知台灣是最核心、最複雜、最困難的問題。所以兩強過去一直極小心處理這個老大難題。偏偏四個「不正常」的狀況今年竟同時到位了。

一是前文所述的美中焦慮及相互猜忌，大幅升高了台灣問題的「管理」難度。二是作為兩強爭奪的那根骨頭，台灣居然一而再、再而三地挑起兩強摩擦，刺激它們關係中以及大陸內部的最敏感神經。三是今年開始先是蔡總統尋求連任，然後川普也要開打連任選戰，接著習主席可能布置他的第三任。三個領導人都有不能輸的壓力，「險中求勝」的動機自更強烈。不管誰先犯錯，台灣都將陷入非死即傷的險境。

最危險的是，台灣有人一直把美中「競爭」看成「對抗」，誤以為美國願意不計成本來保台，因此樂於操弄兩岸關係而不疲。他們還一直誤導國內的支持群眾，不斷拿美中「對抗」來自我壯膽。他們忘了美中實力對比固然在全球層次仍有差距，但在台海已是伯仲之間。而台灣對美中的價值差異以及它們對台的決心差距更不能以道里計。正因美國看待台灣的價值與決心遠低於中共，所以美國倘若自顧不暇，就極可能放棄台灣；而中共內外壓力一旦變大，反而會拿台灣出氣。

李總統及「蔡諮詢委員」在一九九九年誤判形勢，以為「兩國論」可以低空掠過美中的關卡，結果卻遭到美中政治與軍事手段的制裁。今年蔡政府如再犯錯，台灣的下場實難樂觀。

一〇八年二月二十四日・聯合報A12版

04 用撞球思維看美中關係

蔡政府上任迄今一直沒有與對岸建立權威的溝通管道，兩岸乃無從開展相互說服、相向而行的過程。而同時傷害兩岸交流與民眾情感的事件卻層出不窮，讓目前僅靠雙方「自我克制」來維繫的兩岸和平顯得益發脆弱。

美國前駐台代表包道格（Douglas Paal）最近直言「兩岸平靜的表面下是個危險的火山，隨時可能爆發」。另外，受兩岸敬重並長年撰述不輟的前官員容安瀾（Alan Romberg）也憂心忡忡。他說，兩岸似乎都認為只有六個月的時間來確認兩岸關係究竟是可能還是不可能穩定下來；其中台北方面似較樂觀，而北京則相信如果蔡總統不用具體的言及行公開接受某種形式的「一個中國」，期限屆滿時兩岸關係就會「決定性地惡化」。這個「最後期限」最近被台北某決策官員以筆名點出為「國慶日」，而《華盛頓郵報》不久前還據此詢問了蔡英文總統。

如是「六個月」，美國大選屆時已在最後衝刺階段，而攸關中共權力布局的十九大籌備工作也正展開。換句話說，兩岸關係將不只是台海兩岸的關係，而必將與美國政治、中國大陸政治，以及美中關係全面掛鉤。我們的思考自然就不能像以往那樣彷彿兩岸在打乒乓球似地一來一往，而必須用打撞球的思維來考量幾個可能因素的相互碰撞。限於篇幅本文僅聚焦「美中關係」，因為許多執政黨人士把「親美日，遠中國」的希望完全寄託在「美中對抗」上，以為台灣只要能夠依附於美國的「亞太再平衡」政策，就可以安全。

平心而論，美中在東亞的權力競逐確實比以往激烈，範圍也更大；美國利用大陸鄰國隔山打牛的策略也十分成功，對北京形成相當大的戰略壓力。但如果因此就以為台灣可以回到古早的「聯美抗中」以及兩岸的「不接觸，不談判，不妥協」，那就明顯忽視以下幾個重大事實。

第一，這次美國大選充分暴露美國民眾高漲的孤立主義情緒，而且它的力道已經大到讓原來支持ＴＰＰ的候選人希拉蕊都不得不翻轉立場。民調顯示，台灣在「美國新民意」中的地位更是低落到在十二個美國可能出兵援救案例中的最後一名。

第二，美國是全球性的強權，責任義務遍及全球。它在其他地區的政策經常像撞球檯上的色球一樣出人意表地輾轉撞擊到美中關係。譬如，布希總統父子曾經先後兩次出兵中東，結果一次替深陷天安門事件困境的中共解了圍，另一次甚至把北京從敵人轉成反恐的戰友。

目前美國依舊備多力分，但它的全球戰略態勢已遠不如九〇年代馳援台灣時的風光。相對的，北京的影響力已然溢出東亞，而雙方在全球領域的合作（如氣候變遷、反恐）還遠大於競爭。今年北京固然在南北海域迭遭頓挫，美國也是狼煙四起。英國脫歐重創了美國在歐盟的影響力。北約成員國土耳其的巨變衝擊了美國在中東的地位。而「阿拉伯之春」的全面失敗，伊斯蘭國的崛起，以及多個長期盟友的背離，都讓中東地區成為一個危險的火藥庫。我們很難想像美國新總統會在此遍地烽火之際急著激化與最強對手中共的對抗。如果台灣一味迷信美國「關愛的眼神」而不去研究這些看似遠在天邊的區域熱點，將來必定措手不及。

第三也更重要的，就是台灣自己的角色。筆者在公務及學術生涯所曾見聞的美中台對話或著述，幾乎沒有例外地顯示，台灣是最可能挑起美中戰爭的問題。所以美中在台灣問題上幾十年來一直極其審慎地避免衝突。去年美國知名智庫評估，美中如果在台海交手，大陸甚至還略占上風。既然如此，台灣憑什麼相信美國肯為了不是核心利益的台灣，甘冒美中衝突的風險？雙方實力接近後，彼此外交折衝的力量對比自然不同，而台灣的角色也隨之轉變。今天新政府領導的台灣自以為是美國「亞太再平衡」的資產，但如果處理不好兩岸關係，過度依賴美國的善意保護，結果反而可能變成美國的負擔，不一定為它樂見。

在美中既合作又競爭的新關係中，雙方都會需要台灣。台灣到底想扮演刺激它們緊張衝突的角色，還是協助它們緩和衝突，也讓自己得道多助，執政者真的需要好好想想。

一〇五年八月十四日・聯合報Ａ12版

05 台灣與美中角力

各方關注已久的歐習會很快就要上場。由於過去七年兩岸關係穩定，台灣好久都不是美中領導人折衝的主要議題，但今年恐怕一定會重返議程焦點。原因很簡單：不管東海或南海爭議在媒體上多麼熱鬧，不管中東戰火死了多少人，「台灣問題」仍是世界上最危險、唯一最可能把美中兩大核武強國拖進戰火的難題。目前美中台內部的鷹派都在蠢蠢欲動，想要利用「美中對抗」來為自己奪取更大的政治利益，就更增加了情勢的詭譎性。

美國與中國大陸的關係當然有對抗的基因。一個是獨領風騷幾十年的超級強權，一個是快速崛起、充滿自信的新興強權。兩者相互猜忌、爭奪，甚至碰撞，在中外歷史上多的是類似的例子。為了提防中國大陸在東亞坐大，華府採取「再平衡」政策，設法把戰略重心從中東轉到東亞。而台灣某些人想順勢回到過去聯美以自保的老路，好像也是很自然的期待。

但這個期待忽視了當前台海局勢的複雜性及危險性。其中因素非常的多，因篇幅所限只能把關鍵歸納為兩大項。第一就是美國整體實力雖仍大幅領先中共，但在台海地區兩者的實力對比已經逐漸接近。冷戰時期兩者力量懸殊，固不必多說。即使在二十年前北京對台灣外海試射飛彈時，據當時曾參與決策的美國卸任高官私下對筆者說，當時其實只須派出一艘航母來台已經足夠；只是為了展現美國決心，故意派出兩艘。但七年前的台灣大選前後，中共軍力已然大增，美國遂派出三艘航母艦群。近年美國的研究顯示，大陸已可力敵三至四艘航母。

更麻煩的是，如果中共突襲，這些航母還沒來得及趕到，台海就已出現了新的「既成事實」。此外，美中現在擁有的武器都是又快、又準、又多、又難防守，所以兩者都有動機要先下手為強，以免「不用則廢」。如果美國航母或駐日基地遭到重大損失，美國的報復很難不波及中國大陸沿海的設施，這就造成衝突的升高。而中共的反報復也可能再度升高成核子武器，以致進入更大的毀滅階段。這個螺旋之所以上升，一方面是因為兩者都不太可能接受失敗的後果，一方面它們還沒有摸索出早年美蘇協調控制戰情升高的方法。簡單地說，美中如有軍事衝突，必難善了。台灣首當其衝，後果就不用說了。

第二也是更大的關鍵就是意志力。台灣對北京的重要性明顯遠高於它對華府的利益。台灣對中國大陸不僅具有重大的地緣戰略及經濟利益，而且還有牽涉到新疆、西藏、香港的國內政治意義。由於大陸民眾普遍對台灣懷有濃厚的民族情感，一般相信，台灣的獨立甚至可能引發中共黨政的存亡危機。

但在華府這邊，美國在東亞最重視的是日本，其次是南韓，再來才是台灣，所以美國內部一直有人主張「棄台論」。如果考量它作為盟主的信用，美國「棄台」的可能性確實不高。但出兵為台灣流血打仗又是另一回事。去年九月美國芝加哥全球事務協會民調發現，在十二個可能需要美國出兵干預的案例中，支持對抗「中共侵略台灣」的意向，在一般美國民眾中居然落到最後一名；即使在美國菁英中也只是第八位。美國一位退休將領曾私下對筆者說，「你知道嗎？美國一艘航母如果被擊沉，死亡人數可能等於一個珍珠港加上一個九一一」。言下之意，美國需要冒這個風險嗎？

台灣雖小，視野仍應寬廣。今天美中兩強的經濟總量占全球的三分之一，人口占四分之一，彼此人民來往如此密切，社會與經濟「你中有我，我中有你」。既然如此，它們再怎麼爭吵，應不會希望真的直接衝突；就算衝突大概也不想挑上最危險的「台灣問題」。如果在當年美中實力仍有相當差距時，美國都不肯為陳前總統的激進政策背書，現在當然更不願意為台海緊張冒險。

所以台灣最好的趨吉避凶之道絕對不是夾在美中兩強之間成為兵家必爭之地，更不是主動破壞兩岸和解，甚至自以為聰明到可以操弄美中關係以為己利。台灣必須一面與美日維持傳統友好關係，一面積極與中國大陸尋求直接對話，維持有尊嚴的和解，讓台海繼續風平浪靜，才是上策。

一〇四年八月三十日・聯合報A14版

大小三角

01 變了形的大小三角

幾年前我曾經提過大小三角的概念。「大三角」指的是美國、中國大陸與台灣的關係。「小三角」指的是共產黨、國民黨與民進黨的關係。大小三角的內外互動大致就決定了台灣的命運。

很多專家不否認小三角，但普遍質疑大三角，說台灣這麼小，怎麼能算一角？我通常很有信心地回答，台灣雖小猶大，因為不論在戰略或戰術層次，美國與中國大陸都高度重視台灣，有好幾年美中重視台灣甚至到台灣可以「一條尾巴搖兩條狗」的程度。事隔若干年，今天我已不敢那麼篤定了。

大三角的變形，主因當然是台灣實力的迅速衰退。台灣最風光的時候，它的經濟總量曾經是整個大陸的三分之一。現在卻只有大陸的二十分之一，還大幅落後廣東、江蘇、山東、浙江、河南等五個省分。後面很快就會趕上的還有四川、湖北、河北、湖南、福建等五省。由於兩岸在經濟、軍事及其他方面差距的快速拉大，大陸雖然在戰略上依然高度重視台灣，但在戰術層次已經相當輕視台灣。過去二十年北京緊盯台灣政局及朝野作為，經常做出反應。現在它卻多半默不出聲，鎮定如恆。顯然北京已經自信滿滿，成竹在胸，不怕台灣玩出它的手掌心。

美國亦然。商人出身的川普總統本來就比較急功近利。他既無「面」的全盤戰略眼光，也少有「線」的連動思考，只有「點」的短期決策。針對任何一「點」，他又只關注美國可能的經濟收益，不太在乎民主價值甚至地緣利益。譬如，他處理北韓問題時，經常只顧自己放言恫嚇，完全不在乎身處最前線的南韓人民的生命財產安全，不僅至今派不出新的駐韓大使，還堅持要廢除南韓極為重視的《美韓自由貿易協定》，逼得南韓必須自闢南北韓和解蹊徑。南韓是保衛美國最重要盟邦日本的門戶，川普對它態度尚且如此。台灣的政軍經地位難道比南韓更重要？答案非常明顯。

所以隨著兩岸力量對比的消長，大三角已經變成美中兩強的雙邊遊戲。兩岸關係與美台關係都越來越附屬於美中關係。美中兩強都不需要特別爭取台灣的善意，因為大陸已經認定台灣政府只有惡意，沒有善意，而美國根本不需做太多努力，台灣自己就把熱臉貼過來。台灣既自我貶值成美中手中的「台灣牌」，當然難免成為一方或雙方的籌碼或（及）犧牲品。

「小三角」的情況如何？過去紅藍綠都有一定的實力，它們的互動構成了非常微妙的三角平衡。我曾經簡化這平衡為「二打一」，也就是兩個對付一個。請看：藍綠合作保衛台灣，對抗紅；藍紅合作反對台獨，對抗綠；紅綠平行努力消滅中華民國，對抗藍。紅藍綠這種既合作又鬥爭的格局，就形成小三角的平衡。

現在小三角也變了形，主因當然是藍的力量式微。國民黨不但輸了最近的大選，而且大選後一直萎靡不振。不少觀察家都指出，蔡總統上任以後台灣越來越向「一黨專政」的道路上邁進。

少了一角的小三角當然立即失衡。沒有藍的緩衝，紅綠就直接對抗。同時，原來藍綠合作保衛台灣的力量立即少了一半，使台灣的防衛力量更加虛弱。原來藍紅合作反對台獨的力量也立刻減少一半，獨派因此可以更大膽地「去中國化」及趨獨，而大陸內部遏制台獨的聲浪也變得更焦躁急切。紅綠兩相激盪，任何事都有可能。

最危險的是，台灣許多人常以為大陸領導人內外挑戰太多，無暇顧及台灣問題，所以台灣大可好整以暇，從容面對。事實上由於台灣直接牽動大陸跨階層、跨年齡的民意，而習近平又是歷來最了解台灣的領導人，所以習在內部非常容易受到台灣議題的牽制，他的轉圜空間及犯錯空間也最小。他如延任，必將帶領國家從「大破」走向「大立」。台灣多快會成為他「大立」的一部分？會不會變成他克服其他挑戰的一張牌？都值得我們關心。

作為大三角最小的一方，台灣應該立基於「和」，不宜強「鬥」。如果「鬥」，台灣永遠是受傷最重的一方，如果「和」，台灣卻會是獲利最多最直接的一方。內部追求和諧，外部尋求和解，設法凝聚內部及兩岸最大的共識，才是台灣立身處世的良方。

一〇七年三月十一日・聯合報A12版

02 台灣的前途誰決定？

台灣民眾的生活環保意識非常強烈。奇怪的是，一碰到攸關安危榮枯的政經大環境時，環保的警覺好像頓時煙消雲散。

最近兩本新書引起我的注意。一是民進黨主席蔡英文的《英派》，另一是美國史丹佛大學胡佛檔案館東亞部主任林孝庭的《台海、冷戰、蔣介石》。

《英派》自序的第一段只有一句話：「想想看，二十年後的台灣，會是個怎麼樣的國家？」這句充滿強烈政治暗示性的句子開啟了全書對台灣現況與願景的描述。兩百多頁的篇幅裡處處可見「台灣」，卻幾乎完全看不到「中華民國」四個字，唯一只在第二〇六頁過場式地提到「中華民國現行憲政體制」。一個正在競選中華民國總統的人在選前就把「中華民國」這個重要的符號掃除得如此徹底，背後的心態十分不尋常。

因此，如果民進黨真如一般所料入主總統府甚至立法院，那將不是「又一次的政黨輪替」而已，而是台灣政治的結構性翻轉。它代表六十多年來的基本國策將從早年的冷戰對抗，轉到兩岸分治，而現在即將進入新的國家建構時期。支撐國策的力量也從美國圍堵政策，轉成兩岸和解，再變成現在的所謂「台灣民意」。這個轉變會讓將來對抗的主體從共產黨與民進黨，擴大到「中國人」與「台灣人」。

另本新書《台海、冷戰、蔣介石》乃根據半公開的蔣介石日記，以及解密的美國、英國與中華民國政府的大量原始文件而寫成。它的〈一九六二台海危機〉專章描述老蔣總統如何試圖瞞著美國並利用中國大陸在「大躍進」及「三年饑荒」造成三千萬人喪生的極度混亂衰弱時期，進行縝密的軍事、經濟、內政與外交上的部署，動員「士氣高昂、訓練精實」的國軍部隊，預計在六二年的六月向福建發起攻擊，實現他「反攻大陸」的夢想。這個「國光計畫」最終由於美國的反對、美中的通氣，及中共快速調動四十萬大軍至福建對岸而不得不放棄。

這段殘酷的史實說明，不管台灣內部凝聚多大的能量，不管「台灣前途應由兩千三百萬人決定」這句話多有道理，台灣的歷史與地理早就決定了它的前途必不可能單純地只由自己決定；周圍的大國一直在參與，甚至主導。原因很簡單：台灣的動向直接牽動它們的國家利益、人民情感、甚至政權穩定，因此它們必須參與，而它們的參與就形塑了台灣躲也躲不掉的大環境。放眼全球，台灣其實一點都不需要悲情，因為以大凌小從來就是常態，不是例外。例外的是，這個本來可以理智處理的常態竟因政黨惡鬥及媒體閉塞，而造成全民忽視大環境的罕見後果。

大環境中最關鍵的當然是北京的看法。它對台灣的思考從來都是全面性、長遠性、戰略性，而不只侷限於兩岸的互動。即使在兩岸領域，它對台灣各黨各派各團體各人的了解也遠比以前深入。其中蔡主席的兩岸言行更不像當年陳總統那樣是白紙一張，反而是斑斑可考。在這種情況下，我們很難相信將來的民共對立只靠「文字遊戲」就能解套。畢竟文字的效力還要建立在彼此的互信上。沒有互信，詞藻再美麗都沒有用。

更令人憂慮的是將來「台灣人」與「中國人」的對抗。這些年兩岸都出現龐大的網民。他們的意向對政府多少有些影響，而且不一定由政府控制。萬一「天然獨」與「中國夢」隔空或在某些場合爆發衝突，而兩岸溝通管道又遭切斷，不能順利化解，後果實難想像。

美國態度如何？筆者已經多次撰文指出，身為世界唯一超強的美國固然高度重視台灣的安全及戰略地位，但在台海它意志及力量的集中度經常不如中共。民調甚至還顯示，台海危機是美國民眾最不願救援的對象。所以華府的優先選擇應還是管控台海衝突。

綜上以觀，如果台灣不能做好自己的大環保，大國必將積極協調管理。如果協調不成，中國大陸就可能用自己的方法、自己的節拍來處理了。

從這個意義上看，台灣只要順著環境的大勢而為，還是能掌控自己的前途。若逆勢，就要重蹈一九六二年的覆轍了。

一〇五年一月十日・聯合報A14版

03 從大小三角看「維持現狀」

近幾十年來「維持現狀」一直是台灣大多數民眾的最大願望。所以問題從來不是要不要，而是能不能。這就牽涉到長期有關台灣命運的所謂「大小三角」。大三角指的是美國、中國大陸，與台灣的關係；小三角則是國民黨、民進黨，與共產黨的關係。

早年的大三角，嚴格地說，只有美中雙邊關係，而台灣只是美中關係裡的一個棋子，隨時可以犧牲。一九七一年美國國務卿季辛吉祕密訪問北京時，中共總理周恩來以「台灣省必須回歸祖國」相逼。季辛吉當時的答覆是：「我也預測將來的演變一定會朝總理說的方向前進。我們不會阻擋這個演變。」果然美國後來與中華民國斷交。斷交後的十年間，華府政學界對中華民國或台灣鮮少聞問，似乎等著看它自己走進歷史。

八、九〇年代之交，經濟奇蹟與民主化讓中華民國及台灣不僅沒有消失，還搖身一變成為大三角的一角。此時還誕生了國民共的小三角。小三角的「性格」自始就與大三角截然不同。大三角像個成熟穩重的中年人，凡事可預測性很高。但小三角卻像個荷爾蒙過剩的年輕人，一年蛻變出一個新模樣，行為舉止經常出人意表。小三角還充滿了熱情與感性，有人談民族大義，有人講土地認同，有人唱民主價值，完全不同於理性算計到甚至近乎冷血的大三角（如前述的季辛吉語）。偶爾小三角還會爆發激情衝動，如動武、趨獨、促統，每次都讓大三角「地動山搖」好一陣子才停息。

回顧這六十六年，大小三角的安定或動盪，基本上取決於兩岸溝通的有無。在兩岸沒有溝通的冷戰及陳總統時期，兩岸關係甚至整個大三角都動盪不安甚至危險。而兩岸溝通的李馬兩位總統時期都是兩岸關係較為溫和平穩，也是大三角安定的時期。

這說明，如果明年民進黨真的上台，而它既不接受「九二共識」作為兩岸溝通的橋梁，也不願搭建新而可行的替代橋梁，致使兩岸溝通為之中斷，那麼兩岸關係及大三角都可能回到以前的動盪不安狀態。換句話說，明年不是「維持現狀」，而是「改變現狀」。

再深入看，只有在台灣「和中又親美」的李馬時期，台灣的內外活動空間才最大，也最能主導自己的命運。在台灣只與華府來往而不與北京溝通的時期，不但中共會施加更大的軍事、經濟、外交壓力讓台灣左支右絀，而且由於台灣必須更加依靠美國及其他國家，以致台灣更受制於他國。換句話說，現在許多政治人物喜歡掛在嘴邊的「台灣前途應由台灣兩千三百萬人民決定」的話，在兩岸關係惡劣的時期根本就是一句空話。如今兩岸及美中力量的對比較十年前更不利於台灣，如果兩岸溝通中斷而整體關係惡化，台灣的前途將更由不得自己，更交在美中兩個大國的手上。試問，我們何喜之有，何可自傲？

小三角的質變比大三角更糟。國民共三黨間，至今只有國民黨與共產黨彼此有溝通，民進黨與國民黨、共產黨兩者都沒有溝通。正因如此，小三角從來沒有安定過。二十多年來它的不安定也一直是大三角必須分心處理的潛在不安變數。

小三角還有另一個罕見特色。它的結構基本上一直是三個不同的「二對一」組合：

——國民黨與民進黨都要保衛台灣
——國民黨與共產黨都反對台獨
——民進黨與共產黨都要消滅中華民國

這三個同床異夢的「二對一」組合使得三個政黨間勉強維持一個微妙的平衡。最近幾年情勢明顯有了變化。由於共產黨一直從外部限制「中華民國」的國際空間，而民進黨則成功地由內部掏空「中華民國」，再加上執政的國民黨近年快速衰落，使得小三角極可能轉變成多年未見的兩黨對決態勢。弔詭的是，共產黨或許已經發現，少了捍衛中華民國的國民黨，它所希望「共同反對台獨」的力量已大幅削弱。民進黨或許也會發現，少了捍衛中華民國的國民黨，它要依賴「共同保衛台灣」的力量同樣消失大半。但事已至此，又能奈何？

眼看我們熟悉的大三角與小三角都將出現巨變。如何讓人相信明年能夠「維持現狀」？

一〇四年十一月一日・聯合報A14版

04 台灣的大三角與小三角

過去、現在及可見的將來，台灣的命運都是被一個大三角關係與一個小三角關係所制約。「大三角」指的是美國、中國大陸、台灣之間的關係。「小三角」指的是國民黨、民進黨、共產黨之間的關係。

過去幾十年，這兩個三角關係經常處在高度不穩定的，甚至是衝突的狀態。但最近兩年大三角關係已經穩定下來，只剩小三角關係仍在不時激盪。

如所周知，陳前總統執政八年間，這個大三角關係陷入有史以來對台灣最惡劣的階段。連最重要的盟友美國都對台灣憤怒、警告、疏遠。兩年前馬總統立足於「不統、不獨、不武」的大政方針，採行「兩岸和解」及「活路外交」，終於把大三角關係的性質做根本的改善。

這個新局的實現有三個要素。第一也是最重要的，美中台三方面的政策都轉趨務實。尤其是台海雙方都從過去的錯誤中吸取了教訓。在大陸方面，北京發現它九〇年代後期的「促統」政策，不僅沒有促統，反而導致傾獨的民進黨掌權。它在一九九五、九六、九九年的「武嚇」動作，不僅沒有嚇倒台灣，反而導致美國在冷處理美台軍事合作二十年以後重新回到台海。台灣方面也發現八年的促獨政策讓台灣外交陷入前所未見的孤立，經濟陷入前所未見的長期停滯，軍事陷入前所未見的脆弱不安。經此教訓，馬政府的「不統、不獨、不武」，立即讓大三角轉危為安。

第二，新大三角的成形，也因為美中台三方面在兩年的彼此互動中建立起一定程度的互信。

第三，三方面內部的共識也扮演了關鍵性的角色。美國兩黨之間與中共內部本就各有共識。國民黨在野期間成功擺脫「戒急用忍」的包袱，也凝聚出新的共識，使馬總統可以集全黨之力改造新局。

過去兩年國共之間不是沒有摩擦或衝突。譬如雙方對達賴喇嘛應否來台訪問就有歧見；對避免雙重課稅協議內容也有爭執。但前者基於「務實」及「互信」終能妥善處理。後者雙方均同意擱置，並不影響其他協議的簽署。如果倒退到一九九五年的同一場景，當時三協議中的「偷渡犯遣返」與「劫機犯」協議草案均已敲定，只有「漁事糾紛」未能談成。最後因為不願切割處理、堅持整批交易，以致三協議全部功虧一簣。今昔比較，可見兩岸關係的務實與互信已大幅提升。

相對而言，小三角關係至今仍然動盪不安，主要是因為民進黨的一角仍然缺乏上述三要素。其中最大的問題就在它內部一直沒有大陸政策的共識。各種跡象顯示它內部的「務實」呼聲日益強烈，其中不乏來自天王級或公職人士。但這些聲音仍屬分散且遭到強力壓抑。

黨內主流思維仍然「逢中必反」、「逢馬必反」。民進黨執政前曾舉行辯論，並在許信良的「大膽西進」和新潮流的「強本漸進」間勉強妥協出「強本西進」的文字。但陳前總統上任後很快就放棄西進，也不再進行黨內整合，以致八年一直陷在獨不成也和不成的困境。

十年後的今天如果民進黨仍不處理這個問題，不但朝野不易建立互信，而且它的內部矛盾也會隨著內外環境的變化，而越來越激化，結果領導層只好繼續使用「內在矛盾外在化」的手段，來掩飾及壓抑內部的問題。最後整個台灣都將付出代價。

如果有一天台灣的大小三角關係都能穩定，以國人的智慧與努力，再創十年黃金期，絕對可以期待。

九九年七月二十八日・聯合報A4版

東亞

01 北韓問題與台灣的關聯

北韓不是台灣很多人會關心的議題。它的軍事面確實沒有直接的衝擊，但政治面卻與台灣一直有著非常微妙且重大的關聯。

二〇一一年底金正日過世，由名不見經傳的幼子金正恩繼任。當時中華民國的總統選舉正進入熾熱尾聲，沒有人特別關心這個「國際新聞」，完全不知道看似遠在天邊的北韓氣旋其實已經掃到台灣的大選。氣旋的途徑是：韓半島因為北韓的領導傳承而陷入高度的不確定性，而民進黨候選人蔡英文當時的大陸政策又晦暗不明。美國與中共既然不希望台韓兩大東亞熱點同時陷入混沌，所以當然都樂見已經證明能夠維持台海安定的馬總統連任。

這個月四日的北韓洲際飛彈標誌著韓半島局勢又來到新的節點。它與台灣的關聯仍然是政治的，不是軍事的。但影響卻比六年前更深遠。原因是：台灣已從非熱點，變成新熱點；而台灣對北京而言還是比北韓更重要的熱點，所以台灣一定會被放進美中任何關於北韓問題的討論。

尤其這次美中折衝極可能不限於過去常見的制裁、談判、軍演等戰術層面的作為或不作為，而可能牽涉更大更長遠的關於韓半島以及台灣未來的安排。

圈內人都知道，洲際飛彈比核武試爆更是美國的痛點。北韓一旦有了可以打到美國本土的洲際飛彈，就出現所謂的game-changer，迫使美國重新思考整體相關政策。

美國一直是主導對北韓政策最重要的國家。幾十年來它的大政方針一直是用高壓圍堵來迫使兩韓統一。北韓的靠山長期是蘇聯，不是中共。蘇聯垮台後，北韓撐過好幾年的經濟困難甚至饑荒才慢慢轉向中共。美國在柯林頓總統時期曾試圖用經濟援助換取核武項目的凍結。他下台前甚至派遣國務卿歐布萊特赴平壤訪問。

小布希總統上台後立即翻轉柯林頓的懷柔政策，直呼北韓為「邪惡軸心」，力圖推翻北韓政權。北韓自然加快核武及飛彈計畫，並在二〇〇六年第一次試爆核武。北京雖邀集「六方會談」以化解危機，但成效有限。歐巴馬總統上任後，美國與南韓仍然樂觀地期待北韓會在外部壓力及內部不滿下崩潰。李明博總統甚至表示要開徵一點三兆美元的「統一稅」，以免重蹈當年西德應付兩德突然統一時的財務困境。

在如此強大的外部壓力下，北韓發展核武與飛彈的動機實不乏自保成分。只是這個動機完全被北韓長期的惡行惡狀所掩蓋。北韓言行越惡劣，美國就越想去之而後快。而美國越高壓，北韓就越想發展核武及飛彈以自保。

今天的新節點是：施壓的美國自己也親嘗到壓力。短期內它能做什麼？憤怒的強國常常最先想到動武，用「斬首」方式解決北韓領導或核武飛彈。但這會導致南韓首爾的毀滅，因此只能說不能做。雙邊或多邊對話？已試過多次，行不通。提出各種誘因？試過多次，也不通，在當前飛彈壓力下更不宜。從內部推翻北韓政權？談何容易。恢復什麼事都不做的所謂「戰略耐心」？美國輿情不會允許。最後還真的只剩下經濟及外交制裁一條路，而這條路只通到北京。

更重要的，美國長期該做什麼？在切身壓力下，過去聽不進的話可能突然會觸動新的感覺。該不該把南北韓統一的目標改成接受南北分治，給北韓一點安全感，以徹底消除它的軍備動機？該不該接受中共建議的「雙暫停」，即美韓暫停軍演以交換北韓暫停核試與試射？或中共的「雙軌並進」，即半島無核化與和平機制同步進行？要大國轉這個大彎，相當不容易。但美國越感到痛楚及威脅，就越可能開始轉念。

不論長短期作為，都有台灣的角色，因為從美中當前力量對比及習近平未來布局來看，美中不可能只就北韓談北韓，極可能是把整個東亞納入折衝的範圍。台灣越挑戰「一個中國」，就越會把自己送上美中博弈的大棋盤。美國國務卿提勒森上個月在眾院作證時坦承正與大陸討論兩強未來五十年的關係。他說，「台灣顯然是其中的一部分」。

台灣現在應該自問的是：我們為什麼要把自己變成一個熱點，淪為美中刀俎下的魚肉？蔡政府有何良策以確保台灣最大利益？

這一次北韓問題真的不是又一個「國際新聞」。

一〇六年七月九日・聯合報A12版

02 以「智」處世的國家及領袖

今年新加坡慶祝建國五十週年。這半個世紀，不管他擔任總理或資政，李光耀這個名字幾乎就與新加坡畫上等號。

台灣很多前輩在不同的階段都與他有過交往。筆者資歷較淺，曾陪見他好幾次，但也有兩次難忘的個別經驗。第一次發生在西元兩千年的春節假期，時任行政院陸委會主委的我正與家人在新加坡旅遊，突然接到李資政希望與我會面的通知。當時我只帶了休閒服裝，不得不趕緊向駐外同仁商借白襯衫及西裝褲，才在大年除夕下午前往他的官邸。

第二次是馬總統就職前的某天。應星方請求，馬總統指派我專程當天來回新加坡，向李資政及其他星方高層說明他未來的相關政策。與李的談話欲罷不能，幾乎延誤我的起飛時間，最後靠警車開道才趕上班機。

這兩次長談主要都聚焦兩岸關係。言談間他對各種情勢的深入掌握及對兩岸和平安定的高度關切，讓我印象極為深刻。但最令我佩服的還是他不放過任何機會，設法第一手了解兩岸動態的積極主動精神。

這些與星方的接觸經驗，讓我體會出沒有任何天然資源而且周圍環境惡劣的新加坡，是怎麼成為一個經濟繁榮並擁有相當國際影響力的國家。

首先，新加坡的對外政策是建立在「頂層設計」及全面而深入的調查研究上。由於對外關係牽涉到不同的國家，而每個外國都有自己的內政考量及利益需要，所以處理對外關係的態度必須與對內政策不一樣。換句話說，對外政策不能不管國內「觀感」，但也不能只管國內「觀感」。政府必須要有堅持，但也要有妥協的準備。即使是超強如美國或當年的蘇聯也不可能只拿不給，或「只要我喜歡，有什麼不可以」。

此外，國家為了自保及發展，必定要有謀略，要有全盤性及長遠性的算計。哪個國家能看得大、看得遠、會布局，讓自己走在形勢的前面，而不是跟在後面，甚至逆勢而行，就能為自己創造更大更好的生存發展空間。五十年來在李資政的領導下，新加坡似乎就是這樣的國家。

第二，因為新加坡不論人口或土地都是周邊最小的國家，它的策略從來都不是「逢某國必反」，而是鬥中有和，和中有鬥，硬中有軟，軟中有硬。同時它也從不只依靠單一大國，而是同時與多個大國交往。在冷戰時，新加坡與美國交好，也與蘇聯維持良好關係，讓新加坡成為莫斯科訓練中文人才以及船舶可以休息的地方。它甚至還有一條街的店招全是俄文，以方便俄國訪客消費。現在它與北京關係密切，但仍允許美軍大小軍艦靠岸運補。這個開放靈活的策略讓它在國際上經常左右逢源，獲取遠遠超出它實際國力的影響力。

第三，新加坡外交的操作非常講究時機的拿捏。譬如，李登輝總統就任才一年，台灣民眾渴望看到總統「走出去」。新加坡就成為第一個接納他出訪的國家。在全球絕大多數國家及東協所有國家都與中華人民共和國建交後，新加坡遲遲沒有動靜。但一九八九年六月天安門事件爆發，北京陷入國際孤立。第二年的十月，新加坡就宣布與北京建交，同時換得北京不干預它長期在台灣進行的軍事訓練計畫。

一九九三年兩岸想進行第一次辜汪會談，新加坡就提供友善而便利的「第三地」。西元兩千年陳水扁就任總統才四個月，國際社會對他還普遍疑慮，李資政就兼程來訪，並會見了扁政府上上下下的重要官員。二〇〇四年七月，李顯龍副總理為了對台灣表示善意，而又不直接碰觸中共的外交禁忌，就趕在尚未正式就任總理前毅然來台訪問。這些例子顯示新加坡的風格一直是雪中送炭，用最小的成本達成最大的外交成果。

看到這樣一個以「智」處世的國家及領袖，「勇」於內鬥的台灣不知做何感想？

一〇四年三月二十四日・聯合報A5版

台灣的三角習題：從美中台到紅藍綠，台灣前途的再思考

2019年12月初版　　定價：新臺幣420元
2020年1月初版第二刷

著者　蘇起
校對　馬文穎
內文排版　極翔企業
封面設計　兒日
編輯主任　陳逸華

出版者　聯經出版事業股份有限公司
地址　新北市汐止區大同路一段369號1樓
編輯部地址　新北市汐止區大同路一段369號1樓
叢書主編電話　(02)86925588轉5321
台北聯經書房　台北市新生南路三段94號
電話　(02)23620308
台中分公司　台中市北區崇德路一段198號
暨門市電話　(04)22312023
台中電子信箱　e-mail：linking2@ms42.hinet.net
郵政劃撥帳戶第0100559-3號
郵撥電話　(02)23620308
印刷者　世和印製企業有限公司
總經銷　聯合發行股份有限公司
發行所　新北市新店區寶橋路235巷6弄6號2樓
電話　(02)29178022

總編輯　胡金倫
總經理　陳芝宇
社長　羅國俊
發行人　林載爵

行政院新聞局出版事業登記證局版臺業字第0130號

本書如有缺頁，破損，倒裝請寄回台北聯經書房更換。　ISBN 978-957-08-5434-3 (平裝)
聯經網址：www.linkingbooks.com.tw
電子信箱：linking@udngroup.com

國家圖書館出版品預行編目資料

台灣的三角習題：從美中台到紅藍綠，台灣前途的再思考/
蘇起著．初版．新北市．聯經．2019年12月．280面．14.8×21公分
ISBN 978-957-08-5434-3（平裝）
[2020年1月初版第二刷]

1.台灣政治 2.文集

573.07 108019597